Erfolgreich im Alltag

Ein neuer Beginn ist immer möglich. Probier's aus! Das ist der Leitfaden für deinen persönlichen Erfolg im Alltag und im Beruf. Praxisnah. Sofort umsetzbar. Gestalte jetzt aktiv dein Wunschleben.

Mehr gratis Infos unter www.erfolgreich-im-alltag.ch

©2016 Nadja Horlacher

Weiteres auf http://www.erfolgreich-im-alltag.ch
http://www.facebook.com/erfolgreich.im.alltag
https://www.instagram.com/nadjahoo
Tiktok: nadjahoo
Youtube: nadjahoo

ISBN: 9783743152595

Alle Rechte vorbehalten.

Lektorat: http://www.lektorat-federweisheit.de

Verlag, Redaktionelle Verarbeitung und Publizierung:
Soul Invest GmbH, Weissbadstrasse 75,
CH-9050 Appenzell

Umschlagbild: Nadja Horlacher
Dieser Text ist urheberrechtlich geschützt. Das Werk als Ganzes sowie Auszüge davon dürfen nur mit ausdrücklicher Genehmigung des Autors verwendet werden.

Inhaltsverzeichnis

Vorwort 8

Feedback 12

Einstieg 14

Erfolgreich im Alltag 17

Die 4 ultimativen Tipps zum sofortigen Loslegen auf deinem Weg zum Erfolg 20
1. Verzichte auf Entschuldigungen 20
2. Sag mir nicht, was ich tun soll 21
3. Sei offen für Neues, höre zu und folge den Schritten 21
4. Investiere in deine Weiterbildung 22

Wer bist du? Wer willst du sein? 24
Deine Reise 24
Definition von Reichtum 25
Geld – eine Vision 26

11 Gesetze für deinen Erfolg 28
Gesetz #1 – deine Vision 30
Gesetz #2 – deine Gedanken 32
Gesetz #3 – dein Wert 35
Gesetz #4 – Säen und Ernten 38
Gesetz #5 – dein Verlangen 38
Gesetz #6 – sei lernbereit 43
Gesetz #7 – Vergeben und Verzeihen 44
Gesetz #8 – ziehe das Erfolgreiche magnetisch an 45
Gesetz #9 – setze deinen Schwerpunkt, deinen Fokus 46
Gesetz #10 – Entscheidung und Aktion 48
Gesetz #11 – Ehre und Respekt 49

So nutzt du deine Anziehungskraft 52
Im Kleinen beginnt das Grosse 52
Woher kommt das Geld? 54

Wie verkaufst du ohne zu verkaufen? 55
Nutze den Rapportaufbau 58
Behandle jeden Menschen wie einen Freund 58
Interessiere dich wirklich für den anderen 59
Höre gut zu 60
Anerkennung und Wertschätzung 60
Nutze den Namen deines Gegenübers 61
Praktiziere Geschäftsentwicklung 62
Körpersprache 63

Die FAFA-Formel – so interviewst du richtig (Gespräche führen, Fragen stellen) 66
FAFA bei der Arbeit 69

Die vier Charaktere erkennen – nutze die Edelsteinzeichen 71
Die vier Edelsteinzeichen 72
Wie deine Idee oder dein Vorschlag beim anderen 83
ankommt 83
Erfolgreiche Kommunikation mit jedem einzelnen 88
Edelsteinzeichen 88
Wie du dank den Edelsteinzeichen überzeugen 90
kannst 90

Erfolgreich in der Arbeitswelt 94
Deine Bewerbung 94
Vorstellungsgespräch 95
Keine Joberfahrung? 95
Zufriedenheit bei der Arbeit 97
Beeinflusse deine Umgebung 98
Löse Probleme 98
Steigere deinen Wert 99
Dankeskarten 100
Übernimm die Arbeit 101

Jeder verkauft... 101
Finde Edelsteinzeichen in deiner 102
Geschäftsumgebung 102
Spare das Geld der Firma 103
Unterstütze bei Verkäufen 103
Beziehungsmarketing 104
Baue Beziehungen auf 104
Fokussiere dich auf deine Arbeit 105
Investiere in Schulungen 106
Gehaltserhöhung 107
Finde den nächsten Job 107
Kopiere die Vorgehensweise der anderen 108
Nutze einen Leitfaden, ein Skript 109
Gib den Menschen was sie wollen 110
Verkaufe Resultate 111

Selbstständig – starte, wo du gerade 112

stehst 112
Die erfolgreiche Unternehmer-Mentalität 113
Erwirtschafte mehr Geld 114

3 Schritte, um dein Geschäft zum Wachsen zu bringen .116
Schritt 1 – Zeige dein Produkt, deine Idee, deinen 117
Service, dich selbst 117
Schritt 2 – Erhöhe deine Konversion und wandle 120
Kaufinteressenten in Käufer 120
Schritt 3 – Erhöhe deine Skalierbarkeit 124

Entwickle deine Führungskräfte 125
Bonus 126
Deine Zeit musst du im Griff haben 127

Deine persönliche finanzielle 129

Einstellung (Ansicht) 129

Wie abhängig bist du vom Geld? 129
Der Wunsch nach finanzieller Freiheit 131
Das Gefühl der Freiheit 133
Sinnvoll oder sinnlos Geld ausgeben 135
Auto-Leasing 137
Die Illusion von Reichtum 139

Deine persönliche finanzielle Lage **141**

Schulden **146**

7 Schritte, um deine Schulden **147**

abzuzahlen **147**
1. Liste dein Einkommen auf 147
2. Finde heraus, wie viel Geld du behalten konntest 148
3. Wo ging dein Geld hin? 148
Luxusartikel oder Grundartikel 149
4. Stoppe das Unnötige 153
5. Zahle deine Kredite ab und baue Reichtum auf 156
50 % sparen und 50 % Reichtum aufbauen 159
6. Keine Ratenzahlungen 159
Befriedige nicht deine Gier 159
7. Erstelle dir ein Spass-Budget 160
8. Geben statt Nehmen 160

Tipps, um Geld zu sparen **162**
Vermeide Ausverkäufe und Aktionen 162
Vermeide Kataloge und Werbezeitschriften 162
Warte 20 Tage 163
Bezahle bar 163
Verkaufe Dinge 164
Iss, was da ist 164
Wenn bei dir „alles nicht funktioniert" 165
Beginne mit deinem eigenen Geschäft 166

Spare für deinen Reichtum 167
Baue Reichtum auf **168**
Erhöhe deinen Wert **170**
Die Kraft des Geldes 170
Einnahmen sollten Vermögen produzieren 172
Investieren oder Spekulieren 172
Lerne von den Experten 173
Deine Bankauszüge 175
Immobilien 175
Edelmetalle, Aktien und Währungen 177

Internetgeschäft **178**

Universum, Gott oder Göttlichkeit **180**

Entscheide dich, werde aktiv und starte **182**

JETZT **182**

Vorwort

Im folgenden Text möchte ich dir deinen Weg zu einem höheren Einkommen, zu glücklicheren Beziehungen, mehr Kunden und mehr Einfluss aufzeigen.

Erfolg und *Reichtum* sind kraftvolle Wörter. Sie können vieles aussagen: Geld auf der Bank, reich mit Freunden und Familie gesegnet, persönliche Schönheit, gesunde Kinder, in der Lage, das zu tun, was du tun willst, oder eine gute Gesundheit.

Ich weiss nicht, was davon für dich das Wichtigste ist. Für jeden Menschen hat Erfolg eine andere Bedeutung. Was bedeutet er für dich? Vielleicht weisst du es bereits, möglicherweise wirst du es im Laufe der Zeit, in der du dieses Buch liest, herausfinden.

Was ich bisher gelernt habe, ist Folgendes: Menschen werden immer Geld ausgeben für Dinge, die sie sich wünschen. Dinge, wonach sie sich sehnen und nach denen sie ein Verlangen spüren.

Heute bin ich verändert. Ich lebe anders, bin immer noch voll im Entwicklungsprozess – wie jeder auf dieser Erde. Wir sind nie am Ende, wir befinden uns stetig auf einer Reise. Wir bleiben nicht stehen, wir bilden uns kontinuierlich weiter. Nicht ohne Grund hältst du *Erfolgreich im Alltag* in den Händen.

In meinem Skript findest du Anleitungen und Schritte, die du nutzen kannst, um deinen persönlichen Reichtum aufzubauen. Du bist schon auf dem Weg. Dieses Buch zeigt dir auf, was du brauchst, um deine Träume zu leben.

Leider haben die meisten Menschen verlernt, wie sie sich ihre Träume erfüllen können, sie wahr werden lassen können. Sie arbeiten zu hart, geben viel Geld für Unnötiges aus, machen Konsumschulden, sind unglücklich verheiratet und wissen nicht, wie sie ihre Kinder erziehen sollen.

Sie finden keine Lösung. Sie wissen nicht, wie sie ihre missliche Lage verändern sollen. Manche mögen denken „Wenn ich nur genügend Geld hätte, könnte ich das Problem abhaken." Die Wahrheit ist: Viel Geld ist auch keine Lösung. Auch das harte Arbeiten, sodass du kaum noch Zeit für andere Dinge hast, ist nicht der richtige Weg.

Woher ich das weiss? Schau dich um. Fast jeder Mensch lebt sein Leben auf diese Weise und dennoch bringt es den Menschen kaum Erfolg.

Was du brauchst, ist ein inniger Wunsch. Das innere Wissen, dass dein Leben mehr für dich bereithält, als du erahnen und erreichen kannst. Dein Wunsch muss in dir brodeln – für dich, deine Kinder und die nächste Generation.

„Toll", denkst du jetzt vielleicht, „wenn ich nur die Anleitung dazu hätte." Vielleicht denkst du „Wenn ich nur wüsste, wie ich zu Geld komme" oder „Wenn mir nur jemand sagen könnte, was ich machen muss, um erfolgreich zu sein."
Vielleicht kommt dir auch folgende Aussage bekannt vor: „Wenn ich nur die richtigen Zahlen im Lotto tippen würde ..."

Diese und andere Aussagen höre ich immer wieder. Stell dir vor, du lernst eine erfolgreiche Person kennen. Diese würde dir sagen, was du zu tun hättest, um selbst erfolgreich zu werden. Würdest du der Person zuhören? Würdest du auf sie hören und ihre Tipps umsetzen?

Oder würdest du denken, dass dieses oder jenes für dich nicht funktioniert, die Person gut reden hat? Vielleicht würdest du erwidern: „Dafür bin ich zu alt" oder „... zu jung" oder „Ich habe die falsche Hautfarbe", „Ich bin zu wenig gebildet", „Ich kenne nicht die richtigen Leute", „Ich bin in der falschen Familie aufgewachsen", „Mein Ex-Partner hat mir alles kaputtgemacht" oder „Die Wirtschaftslage ist nicht gut genug."

Dann habe ich eine Botschaft für dich: Das sind alles faule Ausreden. Jeder Mensch kann erfolgreich sein. Jeder.

Genau das lernst du mithilfe meines Büchleins. Es gibt dir Einblicke und Anleitungen, die du sofort umsetzen kannst. Du wirst erkennen und sehen, dass es funktioniert.

Ich würde mich freuen, wenn du durch das Lesen und Anwenden einiger Techniken aus diesem Buch dazulernst und deinen Weg zum persönlichen Erfolg aktiv beschreitest.

Eigne dir neue spezifische Fähigkeiten an. Arbeite gewissenhaft. Nutze die Strategien, die ich dir in *Erfolgreich im Alltag* vorstelle und auf meiner Website *NadjaHorlacher.ch* für dich ergänze.

Du wirst neue Erfahrungen sammeln. Vermutlich wirst du überrascht sein, wie einfach du viele der Punkte umsetzen kannst.

Lass uns gemeinsam starten. Ich freue mich auf dich!

Herzliche Grüsse

Nadja

Feedback

„Stell dir vor, ich habe dein Buch schon gelesen. Normal habe ich viel länger an einem Buch, ist also ein Kompliment. Am meisten gepackt, hat mich das Thema „4 Charaktere der Edelsteinzeichen", das ist wirklich sehr spannend und gut zu wissen. So kann man die Menschen besser verstehen.
Hat aber auch gute Tipps um Geld zu sparen, obwohl ich schon sparsam bin (ausser in den Ferien). Oder wie man mit Geld umgeht und sich Reichtum aufbaut."
Markus

„Ich hatte einfach keine Führungsqualitäten. Nachdem ich dein Buch durchgelesen und vor allem angewendet habe, wusste ich, wie ich mein Team erfolgreich führen kann. Jetzt macht es richtig Spass, zuvor war es anstrengend, ich konnte meine Mitarbeiter nicht für Selbständigkeit motivieren."
Daniela

„Ja, ich mache es endlich, seit einigen Monaten sind wir dein Vorgehen am umsetzen. Wir werden immer besser. Natürlich geht nicht sofort alles von heute auf morgen. Wir sind zu sechst in der Familie, trotzdem kommen wir immer näher an unser Ziel. Pro Woche nicht mehr als 100.- auszugeben.
So können wir recht viel Geld sparen. Ich bin sehr glücklich damit, wir bleiben dran". Emma

„Mein Schuldenberg ist immer weitergewachsen. Mir war das gar nicht bewusst. Dachte das sei normal so. Immer ein wenig mehr. Aber du hast mir mit deinen Worten die Augen geöffnet. Ich realisierte das ich bereits in jungen Jahren gefangen bin. Das ist wirklich schlimm, das möchte ich nicht. Ich bin nun dabei das ganze umzusetzen. Den ersten Leasingvertrag konnte ich bereits schneller abbezahlen. Ich fühle mich schon viel leichter und lebe nun auch bewusster. Diese Änderung ist unglaublich. Vielen Dank. „ Karin

„Mein Umsatz ist um 20% gestiegen, und dies „nur" mit deinen Tipps. So einfach umzusetzen, so schnell etwas erreichen und ich musste mich nicht mal verbiegen dafür. Grossartig.„ Doris

Einstieg

Ich hatte die Nase voll. Ich hatte immer schon zu viel Energie und Power – das lieben nicht alle Firmen, vor allem nicht, wenn man eine Angestellte ist.

Meine letzte Firma setzte mich vor die Tür. Ich verlor meine Identität, fühlte mich alleine, hatte keine Ziele mehr, sah keine Perspektive, nichts. Das Ganze zog mir den Boden unter den Füssen weg. Ich musste mich neu orientieren.

Auf einer Wanderung in den Bergen ist mir Jolanda über den Weg gelaufen. Ich kannte sie vorher nicht. Wir sind ins Gespräch gekommen, sie war gerade in den Ferien, betrieb ein Gästehaus in Kathmandu, Nepal, (http://trekkersholidayinn.com) und sagte mir, sie könne Unterstützung gebrauchen.

Super. Der Entschluss, nach Nepal zu gehen, entstand. Ich haute im wahrsten Sinne des Wortes ab. Ich löste meine Wohnung auf und wenige Wochen später sass ich in Kathmandu. Bei Jolanda durfte ich vieles lernen. So durfte ich die nepalesischen Mädchen in der Küche ausbilden, das heißt, ich konnte ihnen einiges zu Aspekten wie Hygiene, der frischen Zubereitung von Gerichten, dem Rüsten von Gemüse etc. beibringen.

Wie passend, dass ich einige Jahre zuvor das Wirtepatent sowie einen Küchengrundlagenkurs erfolgreich absolviert hatte.

Nach rund sechs Monaten erhielt ich eine E-Mail mit der Frage, ob ich nicht Lust hätte, auf die Philippinen zu gehen. Man brauchte dort einen Manager vor Ort auf einer kleinen Insel. In Nepal wurde es gerade Winter und es war sehr kalt – dieses Angebot kam mir daher sehr gelegen. In der Annahme, dass ich in wenigen Wochen wieder zurück zu Jolanda gehen würde, flog ich auf die Philippinen.

Daraus wurde nichts, ich blieb knappe drei Jahre auf „meiner" Insel auf den Philippinen. Ich kaufte dort eine Farm und gründete NARDIAS - Natürlich Kokosnuss (www.nardias.ch).

Als der Aufbau stand, ging ich wieder in die Schweiz zurück, um den Vertrieb zu organisieren. Mittlerweile war ich 33 Jahre alt und unsere erste Tochter, Anna, kam zur Welt. Ein Jahr später folgte unser Sohn John und 1,5 Jahre später bekamen wir unsere Tochter Rose.

Wieder einmal in Mutterschaftsurlaub, reisten wir nach Spanien an die Costa del Sol. In den herrlichen Wintermonaten dort genossen wir unsere Kinder in vollen Zügen.

Nach einem halben Jahr ging es zurück, denn unsere Anna wurde schulpflichtig. Menschen, die mich kennen, wissen, dass ich nicht gerne lange an einem Ort bleibe. Wenn ich die Schuljahre meiner Kinder schon an ein und demselben Ort verbringen müsste, sollte es wenigstens ein Ort sein, an dem alles neu für mich sein würde.

So landeten wir im Italienisch sprechenden Süden der

Schweiz. Ein Haus oder eine Wohnung hätte es auch getan, aber wie es wieder einmal die Umstände wollten, landeten wir in einem Gästehaus. So leben wir nun in Gordola und betreuen das www.garnielisabetta.ch.

Ich habe viel mit Menschen zu tun. Es tut mir jeweils leid, wenn ich tragische Geschichten höre oder wenn sie selber nicht wissen wie weiter. Ich musste mir auch alles wieder neu aufbauen, möchte nicht von einer Person oder vom Staat abhängig sein. Deshalb ist dieses Projekt entstanden. Auch du kannst von zu Hause aus durchstarten. Auf folgenden Seiten findest du alles was du für deinen Erfolg benötigst.

Viel benötigen wir nicht um glücklich zu sein. Aber wir müssen uns bewusst sein, was wir wollen.

„Die Erfolgreich im Alltag-Akademie" ist nun im Aufbau, damit so viele wie möglich einen glücklichen und zufriedenen Alltag erleben dürfen. Auch ich bin stetig am Lernen, tag täglich. Unser Leben ist ein Prozess, ein Spiel welches wir in den Händen haben.

Ich befasse mich dabei mit Aspekten wie Zeitmanagement, Menschenkenntnis und Finanzen. Schon aus dieser vorliegenden Zusammenfassung kannst du einiges für dich mitnehmen.

Wende diese Tipps an, nutze meine Erfahrungen und geniesse deinen persönlichen Erfolg.

Wenn du magst, sehen wir uns wieder auf meiner Website www.nadjahorlacher.ch.

Erfolgreich im Alltag

Wenn du zurückblickst und darüber nachdenkst, wie du dir dein Leben einmal gewünscht hast und es mit deiner momentanen Lebenssituation vergleichst, verläuft es dann so, wie du es dir vorgestellt hast?

Oder stellst du fest, dass dir dein Leben nicht (mehr) gefällt? Dass du dich fühlst, als seist du in einem Hamsterrad gefangen? Hast du das Gefühl, dass du immer mehr brauchst, um glücklich sein zu können? Dass du mehr arbeiten oder zusätzliche Kredite aufnehmen musst, um ein erfülltes Leben zu führen? Stellst du fest, dass du kaum noch Zeit für deine Familie hast und von schönen Ferien nur träumen kannst?

Damit bist du nicht allein. Über 90% der Menschen empfinden ihr Leben so oder ähnlich. Sie arbeiten zu hart, sie haben Kredite, um sich gewisse Dinge zu leisten, sie leben in unglücklichen Beziehungen und wissen mitunter nicht einmal, wie sie mit ihren eigenen Kindern umgehen sollen.

Viele dieser Menschen sind der Ansicht, dass alle ihre Probleme gelöst wären, hätten sie nur mehr Geld zur Verfügung. Die Wahrheit ist: Das entspricht nicht der Realität. Auf diese Weise funktioniert es nicht.

Auch hart zu arbeiten, ist keine Lösung. Das Ganze lässt sich 1:1 auf die Pensionierten übertragen. Wie viele von ihnen haben ihr ganzes Leben hart gearbeitet, und haben nun kaum oder gar nichts zum Leben übrig? Wäre diesen Menschen bewusst gewesen, dass sie ihr Leben aktiv verändern können, hätten sie diese Chance ergriffen.

Ich habe irgendwann für mich entschieden, dass das nicht meine Zukunft sein soll – und das möchte ich auch dir vermitteln. Ich möchte dir zeigen, dass auch du zu den übrigen 10 % gehören kannst.

Der Weg, das zu erreichen, wird nicht leicht. Aber er ist nicht unmöglich. Wenn du dein Leben tatsächlich verändern möchtest und dir bewusst ist, wie dein Leben jetzt ist und wie es sein könnte, wirst du die nötige Kraft dafür aufbringen. Du wirst dich fokussieren, weil du weisst, wohin du willst.

Die universellen Gesetze, die auf uns alle einwirken und es dir ermöglichen, dein Leben selbst zu gestalten, haben mir mehr Reichtum gegeben, als ich je erahnen konnte. Egal, ob es um meine Immobilien oder Geschäfte geht – alles läuft mehr als rund.

Das Erreichen deines Ziels ist ein Prozess. Dieser benötigt Zeit, ist aber mit einfachen Schritten, die ich dir vermitteln werde, zu beschleunigen. Ich bin fest davon überzeugt: Wenn ich mein Leben mithilfe dieser Kräfte verändern konnte, kannst du das auch!

Ich habe mir alles, was ich bisher erreicht habe, aus dem Nichts heraus aufgebaut. Ich hatte weder Geld noch Freunde oder Bekannte, die mich auf meinem Weg gelehrt haben oder mir etwas hätten abnehmen können.
Ich habe mir das Wissen um die geistig wirkenden Kräfte selbst erarbeitet, ich bin damit nicht aufgewachsen. Heute stufe ich mich selbst bei den übrigen 10 % ein, die ihr Leben aktiv und mithilfe der geistigen Gesetze gestalten. Ich habe beispielsweise gelernt, erfolgreich mit Geld umzugehen, was nur eines von vielen Themen ist, die ich auch an dich weitergeben möchte.

Du liest dieses Buch, weil du dir über deine eigene Situation bewusst bist. Du weisst wie es um dich steht, und möchtest dein Leben verändern. Vermutlich weisst du nicht, wie und wo du beginnen sollst, aber innerlich brennst du für *mehr* Lebensqualität. Nicht nur um deiner selbst willen, sondern für deine Kinder und die Zukunft der nächsten Generation.

Die 4 ultimativen Tipps zum sofortigen Loslegen auf deinem Weg zum Erfolg

1. Verzichte auf Entschuldigungen

Für gewöhnlich sind wir Weltmeister im Ausreden-Finden. Wenn wir etwas tun sollen, finden wir oft Gründe, warum es gerade nicht geht. Vielleicht kommen dir einige der folgenden Sätze bekannt vor:

- Ich habe keine Zeit.
- Mein Mann unterstützt mich nicht.
- Ich muss die Kinder grossziehen.
- Ich habe zu wenig Geld dafür.
- Ich weiss nicht, wie das geht.
- Ich muss zuerst andere Dinge erledigen.
- Ich habe Angst vor dem, was die anderen über mich denken könnten.
- Ich habe Angst davor, dass es nicht klappt.

Du wirst deinen Erfolg nicht aufbauen, wenn du permanent nach Ausreden suchst. Entschuldigungen bringen dich nicht weiter. Wenn du sie vorziehst, wirst du immer am selben Punkt stehen bleiben – dein restliches Leben lang.

Wir alle kennen Situationen, die uns Angst machen. Jeder von uns muss seine Komfortzone hin und wieder verlassen. Bei jedem Schritt, den wir gehen, können wir uns nicht sicher sein, dass es der richtige ist.

Stell dir vor, du hättest Erfolg. Was wäre, wenn es viel besser liefe, als du ursprünglich dachtest? Du kannst nur gewinnen, wenn du startest und es ausprobierst.

2. Sag mir nicht, was ich tun soll

Viele Leute geben dir, zum Teil ungefragt, gute Ratschläge. Doch handeln sie selbst danach? Haben sie Erfolge vorzuweisen, die belegen, dass ihre Tipps für dich funktionieren können?

Folge nur den Menschen, die Resultate nachweisen können. Nimm Ratschläge von Personen an, die ihre Visionen erfolgreich umgesetzt haben. Hüte dich vor Menschen, die viel reden, aber in der Realität keine Ergebnisse erzielen.

3. Sei offen für Neues, höre zu und folge den Schritten

Lerne zuzuhören. Gehe jeden einzelnen Schritt und vermeide den Gedanken, dass du dieses oder jenes schon weisst und deshalb einen bestimmten Schritt auslässt.

Viele Menschen sind nicht offen dafür, etwas Neues zu lernen, es zukünftig anders zu machen, und ihr Leben so zu gestalten, dass sich Erfolg einstellt.
Das liegt vielfach auch daran, dass sie es nicht besser wussten. Sei lernbereit. Gib dem Erfolg ein klares „Ja" und öffne dich für Veränderungen.

Umgib dich mit Menschen, die erreicht haben, was du selbst erreichen möchtest. Beobachte sie und lerne von ihnen. Suche dir bewusst Vorbilder. Es können auch drei oder vier verschiedene sein – ein Vorbild für jeden Bereich, in dem du Erfolg haben möchtest. In diesem Punkt steckt sehr viel Kraft und Potenzial. Ich selbst nutze diese Form der Visualisierung aktiv. Ich lerne und merke, dass es funktioniert.

Die einzige Herausforderung hierbei liegt darin, das passende Vorbild zu finden. Suche, bis du es gefunden hast. Wichtig ist, dass es sich gut und richtig anfühlt und du dich mit ihm identifizieren kannst.

4. Investiere in deine Weiterbildung

Investiere in dich. Lerne mehr über dich, deine Stärken und Schwächen. Nutze Zusatzqualifikationen nicht nur, um ein Dokument in den Händen zu halten. Wähle sie mit Bedacht und besuche Kurse, Seminare und Workshops, die dich auf deinem Weg unterstützen. Sie sollten dir Dinge vermitteln, die du gezielt für dich und deine Ziele nutzen kannst. Arbeite konstant an deinem Weiterkommen. Nicht für deinen Arbeitgeber, sondern für dich selbst.

Warte nicht auf den passenden Moment. Es gibt ihn nicht. Du erschaffst ihn! Dabei kannst du dir Unterstützung von Menschen holen, die bereits erfolgreich sind. Halte dir Folgendes vor Augen: Jemand, der kein Geld hat, kann dir nicht sagen, wie du reich wirst. Jemand, der kein glückliches Privatleben führt, kann dir nicht zeigen, wie du deins glücklicher gestalten kannst. Deshalb solltest du dir deine Lehrer gut aussuchen.

Wer bist du? Wer willst du sein?

Deine Reise

Wo stehst du momentan in deinem Leben? Bist du dort, wo du sein möchtest?

Du hast stets die Wahl, wer und wie du sein möchtest. Selbst wenn du in schwierigen Verhältnissen aufgewachsen bist, bedeutet das nicht, dass du dich dein Leben lang schlecht fühlen oder deinen Alltag in fragwürdigen Umständen verbringen musst.

Du kannst dich jeden Tag neu entscheiden, wie du dein Leben gestalten möchtest, und mit wem oder was du deinen Tag füllen willst.

Deine Eltern sind übergewichtig? Du selbst hast auch einige Kilo zu viel auf der Hüfte und denkst, da könne man nichts machen, es sei erblich bedingt?

Das stimmt nur zum Teil. Mittlerweile ist es deine eigene Entscheidung, wie du deinen Körper pflegst, und ob du dich mit ihm wohlfühlst oder etwas an ihm verändern möchtest. Wie du siehst, kommen wir schnell wieder beim Thema „Ausreden-Finden" an.

Es ist an der Zeit, eine Entscheidung zu treffen. Willst du weiterhin so leben wie bisher oder möchtest du eine Veränderung in Angriff nehmen? Warum triffst du deine Entscheidungen nicht eigenständig? Ist es kein herrlicher Gedanke, dein Leben aktiv selbst zu gestalten?

Ich bin davon überzeugt, dass Gott, das Universum oder wie immer du die göttliche Kraft nennen möchtest, uns den freien Willen aus genau diesem Grund gegeben hat: Wir sollen selbst entscheiden, was sich für uns richtig anfühlt und wie wir unser Leben führen möchten.

Nutze deinen freien Willen. Erschaffe etwas Positives. Etwas, das dich glücklich macht. Triff eine Entscheidung.

Definition von Reichtum

Was bedeutet Reichtum für dich? Was bedeutet es für dich, Reichtum aufzubauen?

Für mich bedeutet wahrer Reichtum, Geld anzusammeln ohne dass ich meine Familie und meine Kinder, meine Gesundheit oder meinen Spass opfern muss.

Aus meiner Sicht sollte es sich genau gegenteilig verhalten: Ich möchte kein Sklave des Geldes sein, ich möchte, dass das Geld mein Freund ist. Geld soll von mir abhängig sein.

Dasselbe gilt für meine Gesundheit. Wenn ich bewusster lebe, mir mehr Wissen aneigne, kann ich dies an meine Kinder weitergeben und wir leben insgesamt gesünder.

Ich bringe meinen Kindern bei, was es bedeutet, von Geld und Reichtum abhängig zu sein. Ich zeige ihnen, wie sie mit gewissen Dingen besser umgehen können, damit wir mit dem Geld, was wir zur Verfügung haben, etwas Gutes anstellen.

Möchten wir nicht alle unsere Kinder zum Erfolg erziehen anstatt sie nur zum Überleben anzuhalten? Wir sollten unser Wissen und die Weisheit in Bezug auf Reichtum an die nachfolgenden Generationen weitergeben und dadurch die Welt positiv gestalten.

Geld – eine Vision

Drei Dinge hat mich mein Coach Brenda in Bezug auf Geld gelehrt:

- wie Geld erwirtschaftet wird
- wie man Geld behält
- wie man das Geld für sich arbeiten lässt

Mit diesen Statements setzen wir uns in den nächsten Kapiteln näher auseinander.

Grundsätzlich solltest du deine persönliche und finanzielle Vision erschaffen. Geld will fliessen. Es gilt jedoch zu beachten, dass es nicht in die falsche Richtung fliesst.

Im Folgenden lernst du, wie du Geld als Samen nutzen kannst. Du lernst, wie du es vermeidest, abhängig von Geld zu werden. Wir müssen in jedem unserer Lebensbereiche gute Samen säen, um das zu ernten, was uns wirklich glücklich macht.

11 Gesetze für deinen Erfolg

Was ich bisher gelernt habe, lässt sich in einem Satz zusammenfassen: Wir werden nicht reicher, wenn wir mehr Geld verdienen.

Viele Menschen verdienen viel Geld und haben am Ende des Monats doch nichts davon übrig. Dies kannst du mithilfe einer kleinen Umfrage in deinem Bekanntenkreis überprüfen. Sehr wahrscheinlich erhältst du die Antwort, dass genau das ausgegeben wird, was eingenommen wurde – unabhängig davon, wie viel der- oder diejenige verdient.

Ein guter Verdiener besitzt zumeist ein grösseres Haus, ein teureres Auto, mehr luxuriöse Hobbys und hochwertigere Kleidung. Die Ausgaben für derartige Dinge steigen für gewöhnlich mit den Einnahmen.

Deshalb ist es wichtig, dass du lernst, mit wenig auszukommen. Wenn du im Laufe der Zeit mehr Geld zur Verfügung hast, versuche dennoch, mit wenig auszukommen. Selbstverständlich kannst du dir Luxusartikel leisten. Sei jedoch wachsam und habe im Blick, wofür du dein Geld ausgibst. Schnell findest du dich sonst in einem Hamsterrad wieder, und musst stetig mehr verdienen, um deine Ausgaben zu decken.

Sei dir darüber bewusst, dass teure Autos im Unterhalt teurer sind und eine grosse Wohnung mehr Arbeit und Kosten erfordert.

Kommen wir auf die goldenen 11 Gesetze zu sprechen, die dich, wenn du sie befolgst, auf deinem Weg zum Erfolg unterstützen werden. Diese Gesetze sind Naturgesetze: Wir können es nicht im Detail erklären und doch funktioniert es.

Nutze diese Gesetze, um erfolgreich in den Bereichen Freundschaft, Familie, Karriere und Beruf zu sein. Sie werden dich in jedem Lebensbereich unterstützen, und bildeten die Grundlage, mein Buch *Erfolgreich im Alltag* zu nennen. Diese Gesetze sind wie ein Rezept, dessen Schritte wir nur folgen müssen.

Lerne zuzuhören und hinterfrage nicht. Hinterfragen und Zweifeln führt dich leicht zu dem Gedanken, dass die Gesetze für dich nicht funktionieren. Dem ist nicht so. Folge den Schritten und setze sie um, dann wird sich dein Erfolg manifestieren.

Die ersten fünf Gesetze widmen sich den Menschen; die letzten sechs handeln davon, wie wir Geld und Erfolg magnetisch anziehen.

Gesetz #1 – deine Vision

Als Teenager hattest du wahrscheinlich noch viele Träume. In dieser Zeitspanne unseres Lebens konnten wir uns von unserer Fantasie und unseren Ideen treiben lassen.

Wir haben mit Freunden unsere Wunschautos gebastelt, Wunschhäuser gezeichnet und uns gefühlt wie Könige. Hast du diese Unbeschwertheit auch so genossen? Lange hielt dieses Gefühl bei den meisten von uns nicht an. Plötzlich holte uns die Gegenwart ein.

Unsere Mitmenschen kamen auf uns zu und sagten uns, was wir da träumen würden, würde sowieso nicht funktionieren, es seien Hirngespinste. Bei vielen von uns haben sich die Träume anschliessend in Luft aufgelöst und heute stellen wir uns die Fragen: Wie konnte das passieren? Warum haben wir das zugelassen? Warum hatten wir nicht den Mut, zu uns und unseren Träumen zu stehen?

Vielleicht wolltest du um die Welt reisen, einen Porsche fahren oder ein riesiges Boot besitzen? Oder du wolltest Arzt, Sänger oder eine erfolgreiche Skifahrerin werden?

Wie hat dein Umfeld darauf reagiert? Möglicherweise haben die Menschen in deiner Nähe dich klein gemacht, haben dir gesagt, das würdest du nie schaffen, es sei zu schwer für dich oder es wäre kein Geld dafür da.

So oder ähnlich läuft es in derartigen Situationen bei vielen von uns ab: Unsere Träume und Wünsche werden nicht ernst genommen, weil die betreffenden Menschen sich selbst keine Träume zugestehen und von negativen Gedankenmustern geprägt sind. Stattdessen heisst es oft: „Bring gute Noten nach Hause und lerne etwas Gescheites!" Ist eine derartige Aufforderung noch Zeitgemäss? War sie es überhaupt einmal?

Für viele von uns waren solche Erlebnisse das Ende ihrer Träume und so stellt sich die berechtigte Frage, ob du heute überhaupt noch träumen kannst? Kommst du noch ins Schwärmen?

Um erfolgreich zu sein, brauchen wir Träume. Wir brauchen Wünsche, die umgesetzt werden wollen. Lerne, wieder gross zu träumen und übe dich jeden Tag darin.

Wenn du Visionen hast, kennst du deine Ziele. In der Folge kannst du konkret daran arbeiten. Definiere, (am besten schriftlich) was du erreichen möchtest. Schreibe dir auf, was du dir wirklich wünschst.

Vielleicht möchtest du 100.000.- pro Jahr verdienen, einen Audi fahren, die Motorradprüfung bestehen, einen Gemüsegarten anlegen oder mit dem Fahrrad den Rhein entlang fahren?
Egal, ob es sich bei deinen Wünschen um deine ganz persönlichen Visionen handelt oder sie der Allgemeinheit zugute kommen: Das Wichtigste ist, dass du Wünsche hast, die du umsetzen möchtest.

Nutze dazu aktiv die schriftliche Visualisierung und notiere detailliert, was du dir wünschst. Auf diese Weise hast du deine Wünsche stets vor Augen, was dir dabei hilft, sie zu manifestieren.

Gesetz #2 – deine Gedanken

Laut einer Studie sind 80 % der Menschen im Alter von 65 Jahren bereits gestorben oder finanziell pleite. Das führt unweigerlich zu der Frage: Wie verhält es sich mit den übrigen 20 %? Worin liegt der Unterschied zwischen diesen 20 % und der grossen Mehrheit?

Mit den äusseren Umständen hat das nichts zu tun. Es ist nicht entscheidend, wie und wo jemand aufgewachsen ist. Vielmehr ist die Ursache dafür, dass 20 % der Menschen länger und erfolgreicher leben, in ihrer persönlichen Denkweise. Ihre Denkweise unterscheidet sie von den restlichen 80 %.

Diese Menschen denken in allen Bereichen ihres Lebens anders als der Rest. Sie orientieren sich an Ihren Resultaten. Anhand ihrer Resultate erkennen sie, was sie denken und, dass sich ihr Denken manifestiert. Sie stehen in direktem Kontakt mit ihrem Bewusstsein und sind sich darüber im Klaren, dass sie ihr Leben selbst erschaffen – frei von schicksalhaften Umständen.

Sie erschaffen sich ihr Leben, sie gehen nicht durchs Leben und hoffen, dass etwas Positives passiert. Wie viele Menschen geben Woche für Woche viel Geld für die Lotterie aus? Sehr viele erhoffen sich, einmal Glück zu haben und reich zu werden. Das was sie dort investieren, könnten sie in viel bessere Projekte investieren, bei denen mit der Zeit auch etwas verdient werden kann. Warum sind so viele Lotteriegewinner nach wenigen Jahren hoch verschuldet? Weil sie nicht gelernt haben wie man mit Geld umgeht. Jetzt hast du Zeit, genau das zu lernen, im Kleinen beginnt das Grosse. Du machst es möglich, du kannst dir selbst Reichtum erschaffen - ohne Glücksspiele.

Gedanken wie „Ich schaffe es nicht, mehr Geld zu verdienen", „Es ist zu schwer für mich" oder „Ich bin arm geboren" können nicht zu Erfolg und Reichtum führen.

Betrachte die folgenden Beispiele, um dir den Unterschied in der Denkweise von Menschen bewusst zu machen:

Manche Menschen ziehen stundenlang über andere Leute her. Sie verschenken ihre kostbare Zeit mit dem Fernseher, und sprechen am nächsten Tag noch mal ausgiebig mit Freunden über das abendliche Fernsehprogramm. Ihre Gedankenwelt dreht sich um alltägliche Banalitäten. Sie befassen sich mit Problemen, die sie selbst nicht betreffen und fokussieren sich, ohne es zu merken, auf Negatives.

Andere Menschen sprechen über ihre Visionen. Sie denken über Möglichkeiten nach, übernehmen Verantwortung und probieren neue Dinge aus. Diesen Menschen sind Gedanken wie die zuvor erwähnten fremd. Sie stellen sich Herausforderungen und gehen Probleme aktiv an, während die anderen sich winden, die Schuld für die eigenen Probleme bei ihren Mitmenschen suchen oder sich in Selbstmitleid wälzen und bekunden, dass dieses oder jenes nicht fair sei.

Du allein entscheidest, zu welcher Kategorie du gehören willst. Möchtest du dir selbst die Überzeugung „Das kann ich mir nicht leisten" auferlegen oder dir die Frage stellen „Wie kann ich es mir leisten?"

Gesetz #3 – dein Wert

Du brauchst Stärken

Bist du dir deiner Stärken bewusst? Kennst du deine Stärken? Das ist nicht immer einfach. Viele Menschen glauben, sie hätten keine persönlichen Stärken. Dafür kennen sie ihre Schwächen gut. Realistisch betrachtet hat jeder Mensch ganz eigene Fähigkeiten, Interessen und besondere Talente. Was du kannst, können viele andere nicht oder nicht so gut wie du. Nur, weil du deine Stärken bisher nicht wahrgenommen hast, bedeutet es nicht, dass sie nicht da sind. Begib dich auf die Suche nach ihnen.

Was könntest du den ganzen Tag lang tun, ohne dass es eine Anstrengung für dich wäre? Was sagen deine Mitmenschen über dich in Bezug auf deine persönlichen Stärken? Was nehmen sie an dir wahr, was dir selbst vielleicht noch gar nicht aufgefallen ist? In welchen Bereichen oder bei welchen Aufgaben hast du bisher Erfolge erzielt? Was interessiert dich am meisten, wofür brennst du?

Beantworte dir diese Fragen und du wirst nach und nach deine persönlichen Stärken entdecken. Indem du aufmerksam zuhörst und dich auf die Suche begibst, wirst du herausfinden, worin du wirklich gut bist.

Anschliessend kannst du deine Stärken ausbauen. Bilde dich fortlaufend weiter und werde zum Profi auf deinem Gebiet. Positioniere dich, lerne dazu und entwickle deine Fähigkeiten. Investiere in deine Stärken und definiere dein Profil. Suche dir eine Nische und erschaffe deinen Wert. Der Erfolg wird sich einstellen!

Entwickle deine Menschenkenntnis

Investiere in deine Menschenkenntnis. Jedes Geschäft, jedes Hobby, jede Begegnung hat mit Menschen zu tun. Hinter jedem Produkt und jeder Idee stehen Menschen.

Warum lernen wir nicht von klein auf wie Menschen funktionieren? Wir arbeiten in einem Team, sind in einer Familie zu Hause und trotzdem lernen wir nicht aktiv, Menschen zu verstehen.

Entwickle diese Fähigkeiten. Nimm wahr, wie Menschen reagieren. Studiere und analysiere deine Mitmenschen, deinen Partner und deine Mitarbeiter. In allen deinen Lebensbereichen kommst du weiter, wenn du verstehst, wie wir Menschen ticken.

Wie kannst du deine Verkäufe erhöhen, deine Abschlüsse machen? Wenn du weisst, wie dein Gegenüber funktioniert, läuft vieles einfacher.

Motiviere deine Mitarbeiter und deine Kinder. Du willst, dass sich dein Gegenüber besonders und wichtig fühlt? Dann höre ihm aufmerksam zu und lass ihn/sie sprechen. Frage nach, greife die Punkte auf, die dein Gegenüber dir anbietet. Die meisten Menschen reden gern über sich selbst; wir alle wollen gebraucht werden und uns wichtig fühlen. Wir wünschen uns, verstanden und ernst genommen zu werden. Diese Tatsache kannst du dir zunutze machen. Mehr zu diesem Thema vermittle ich dir in meinem Kurs *Edelsteinzeichen-Menschen verstehen*.

Entwickle Führungsqualitäten

Lass dich nicht gehen. Überdenke deine Sätze. Vermeide Sätze wie „Ich fühle mich heute wertlos" oder „Ich glaube nicht, dass mein Vorhaben funktioniert." Für solche gedanklichen Abwege wirst du nicht bezahlt, sie helfen dir nicht weiter und bringen weder dir noch deinem Umfeld etwas.

Die Regel vom Wert heisst: Arbeite härter an dir selbst, anstatt die anderen verändern zu wollen. Folge dieser Regel und dein Erfolg macht sich auf den Weg. Geld und Reichtum wachsen nicht auf Bäumen; Geld fliesst dir durch andere Menschen zu. Wenn du eine Win-Win-Situation generierst, werden deine Mitmenschen es lieben, dich zu bezahlen – für dein Produkt, deinen Service oder deine Fähigkeiten.

Gesetz #4 – Säen und Ernten

Dieses Gesetz vom Säen und Ernten kann **für** dich oder **gegen** dich arbeiten. Daher solltest du achtsam mit ihm umgehen und genau wahrnehmen, was du säst.

Wie ist das gemeint? Wenn du beispielsweise beginnst, Schulden zu machen, werden wahrscheinlich noch mehr Schulden in dein Leben kommen. Egal, ob wir etwas Positives oder Negatives aussäen – es kommt auf uns zurück.

Überlege dir deshalb genau, was du mit deinem Geld anfängst und für was du es einsetzt. Gib es sinnvoll aus und du wirst ernten und Früchte davon tragen.
Stell dir vor, dass du die Wahl hast, entweder in ein Buch zu investieren, das dich fachlich weiterbringt, oder dein Geld in neue Schuhe zu stecken – was gibt dir auf lange Sicht mehr zurück? Gib dein Geld nicht sinnlos für Konsumgüter aus. Übernimm Verantwortung für dein Geld, deine Taten und deine Reaktionen. Gib einen Teil deines Geldes an Bedürftige weiter und tue Gutes für andere – dann wirst du Gutes zurückerhalten. Dieses alte Sprichwort stammt aus der Bibel, hast du dies gewusst?

Gesetz #5 – dein Verlangen

Warum liest du dieses Buch? Wenn es den Titel *Erfolgreich Fussball spielen* tragen würde, hättest du dann Interesse, es zu lesen? Vermutlich nicht, weil dein inneres Verlangen nicht auf Fussball ausgerichtet ist.

Wahrscheinlich spricht dich der Titel an, weil du dir ein glückliches, erfülltes und ausgeglichenes Leben wünschst. Vielleicht möchtest du dein Einkommen erhöhen und dennoch genug Zeit für dein Privatleben übrig haben. Wenn du deine Vorstellung siehst und fühlst, wird sie eintreffen.

Viele Leute denken, sie seien nicht für Erfolg gemacht. Ich frage dich: Wo wärst du jetzt, wenn dein Umfeld immer an dich geglaubt hätte? Wenn man dir ausnahmslos gesagt hätte „Ja, das schaffst du"? Wie oft hören wir Sätze wie „Du bist nicht gut genug dafür", „Um so etwas auf die Beine zu stellen, hättest du studieren müssen, so geht das nicht" oder „Funktioniert das überhaupt?"

Wir alle haben ein inneres Verlangen und wir sind gemacht für dieses Schicksal. Ein Vogel ist gemacht zum Fliegen, ein Fisch zum Schwimmen, wir Menschen sind für den Erfolg gemacht. Jedes Kind hat das Gefühl, die innere Vorstellung, dass es erfolgreich sein kann. Kinder hinterfragen nicht, sie nehmen mit dem Herzen wahr.

Wir alle sind mit diesen drei Gaben geboren, die wir als Geschenk mit auf den Weg bekommen haben:

Enthusiasmus

Wir alle besitzen Enthusiasmus. Vielleicht fühlst du ihn in deiner gegenwärtigen Lebenslage nicht, aber er ist da. Jedes Kind ist von Natur aus voller Begeisterung. Auch du warst einmal so. Enthusiasmus gibt uns Hoffnung, macht uns stark und attraktiver für andere Menschen.

Kinder sind unglaublich begeisterungsfähig. Als Erwachsene sollten wir das beibehalten, denn genau das führt uns zum Erfolg. Wenn wir wissens- und lebenshungrig sind, probieren wir vieles aus, setzen uns mit unzähligen Dingen auseinander. Als Kinder gingen wir regelmässig Risiko und Abenteuer ein, ohne uns Gedanken um die Folgen zu machen. Diese Unbeschwertheit, das Vertrauen, dass uns Gutes zuteil wird, brauchen wir, um erfolgreich zu sein.

Das erreichen wir nur, indem wir uns trauen. Indem wir ausprobieren und feststellen, dass unser Vorhaben funktioniert. Viele Erwachsene wechseln im Laufe ihres Lebens von Abenteuerlust zu Sicherheit. Ihr Leitgedanke lautet häufig: „Es darf nichts passieren, alles muss abgesichert sein."

Das ist nicht unsere menschliche Natur. Wir Menschen sehnen uns nach Erfolg, Lob und Anerkennung. Danach, vorwärts zu streben und uns weiterzuentwickeln. Daher mein Appell: Sei mutig und enthusiastisch. Probiere Neues aus und entdecke die Leichtigkeit deiner Kindheit wieder.

Ausdauer

Wenn du etwas erreichen willst, brauchst du zwangsläufig Ausdauer, unabhängig davon, in welchem Bereich du Erfolg haben möchtest.

Willst du abnehmen, brauchst du Ausdauer; willst du eine glückliche Ehe führen, brauchst du Ausdauer; willst du finanziell unabhängig sein, brauchst du Ausdauer. In allem, in dem du wirklich gut sein möchtest, brauchst du Ausdauer.

Kinder haben von Geburt an meist eine unerschöpfliche Ausdauer. Wie oft fallen sie hin und stehen wieder auf, um sofort weiter zu toben? Wie oft fragen sie nach, ob sie die Schokolade oder das besagte Spielzeug bekommen können?

Kinder haben eine unglaubliche Ausdauer, wenn sie etwas wirklich wollen. Sie geben niemals vorschnell auf und lassen sich in ihrer Ausdauer selbst dann nicht beeinträchtigen, wenn es mal etwas länger dauert.

Wie verhält es sich mit deiner Ausdauer? Wenn wir beginnen, passiv zu werden, uns zum Beispiel permanent TV-Sendungen anschauen oder uns anderweitig unterhalten lassen, bewegen wir uns in die falsche Richtung.

Wir sind dafür gemacht, etwas zu bewegen, Risiken einzugehen und etwas auf die Beine zu stellen. Halte an deinen Zielen fest, es lohnt sich!

Glaube

Ohne dieser letzten Gabe, dem Glauben, ist es unmöglich, erfolgreich zu sein. Erinnere dich daran, woran du als Kind geglaubt hast – Dinge, die aus erwachsener Sicht gar nicht möglich sein konnten. Du hast daran geglaubt, dass der Osterhase durch den

Garten hüpft und die bunten Eier versteckt, daran, dass der Nikolaus am Weihnachtsabend mit dem Schlitten kommt und die Geschenke bringt. Du hast gar nicht hinterfragt, ob oder wie diese Dinge möglich sind – du hast nur an sie geglaubt und das hat dich in eine positive Stimmung versetzt.

Um deine Wünsche umzusetzen, musst du an sie glauben können. Du wurdest mit dem Enthusiasmus und der Ausdauer geboren, die Dinge erreichen zu können, die du dir wünschst. Beides brauchst du, wenn du in deinem Privatleben, im beruflichen Bereich oder in finanzieller Hinsicht Erfolg haben möchtest. Wir wurden mit dem Geschenk geboren, über den Dingen zu stehen und es neu zu probieren, sollte einmal etwas schiefgehen. Als Kind hast du daran geglaubt, dass du es schaffen wirst – egal wie lange es dauern mag. Das hat dir die Kraft gegeben, deine Vorhaben Wirklichkeit werden zu lassen.

Über 90 % der Menschen sagen Sätze wie „Ach, ich habe es einmal versucht, es hat nicht funktioniert, ich lasse es lieber." Dieses Denken bringt dich nicht weiter. Derartige Gedanken und Überzeugungen führen ins Nichts und unterstützen dich nicht dabei, erfolgreich zu sein.

Aktiviere diese drei Gaben. Du wurdest von Geburt an mit ihnen ausgestattet. Lass deine Zweifel los, übe dich täglich im Loslassen. Gehe mit einer positiven Grundeinstellung deinen Alltag an.

Du wirst bemerken, wie sich alles verändert und dass das Gute seinen Weg zu dir findet.

Gesetz #6 – sei lernbereit

Überall um dich herum gibt es Menschen, die in einem Bereich erfolgreich sind.
Suche dir bewusst Personen aus, die du toll findest und die ein Vorbild für dich sein können. Umgib dich mit diesen Menschen – von ihnen kannst du lernen. Hierbei gilt stets: Achte darauf, dass deine Vorbilder nicht nur grosse Reden schwingen, sondern tatsächlich Erfolge vorzuweisen haben.

Schaue auf die Taten, nicht auf die Worte.

- Gib nicht den anderen die Schuld.
- Gib nicht der Wirtschaft die Schuld.
- Sag keine Sätze wie: „Ich habe mir gedacht, dass es so kommt!"
- Vermeide Gedanken wie „Was, wenn ich das Falsche tue?"
- Akzeptiere die Dinge nicht einfach, nur weil sie gerade so sind. Wenn du etwas nicht willst, ändere es.
- Vermeide negative Sätze wie „Ach, diese Leute wollen bloss etwas Besseres sein."

Im Laufe unseres Erwachsenen-Daseins werden unsere Gaben und Fähigkeiten wie Enthusiasmus, Ausdauer, Abenteuer und Vertrauen häufig zerstört. Irgendwann versuchen wir permanent, unser Selbstbewusstsein zu schützen und der Mut verlässt uns. Meistens leiden wir sehr darunter.

Viele Menschen verspüren den Drang, wieder aus sich herauszugehen, wieder zu sagen, was sie denken und was sie wirklich wollen. Doch oftmals wissen sie nicht mehr, wie sie zu ihren Wurzeln zurückfinden sollen.

Unterstütze andere Menschen, sei eine positive Quelle. Mache sie nicht kaputt. Ehre und respektiere deine Mitmenschen. Lass dich von ihnen inspirieren und werde selbst zu einer Inspiration für sie. Je näher du deinen Ursprüngen kommst, desto mehr findest du zu deiner eigentlichen Bestimmung und damit zum Erfolg.

Gesetz #7 – Vergeben und Verzeihen

Um im Leben vorwärts zu kommen, musst du verzeihen können. Wenn du niemandem vertraust, steht das deinem Erfolg im Weg. Vielmehr noch: Es wird dich daran hindern, erfolgreich zu sein. Vergib dir selbst und deinen Mitmenschen. Übe dies täglich, Gelegenheiten finden sich genug. Züchte keinen Groll in dir, sei nicht nachtragend. Nichts davon bringt dich auf deinem Weg weiter. Negative Gefühle wie Wut, Hass, Zorn und Ärger nehmen dir kostbare Zeit, in der du produktiv sein und aktiv an deinem persönlichen Erfolg arbeiten kannst.

Ehre und respektiere andere Menschen. Verhalte dich respekt- und rücksichtsvoll und begegne deinen Mitmenschen mit Achtung. Denke und rede nicht negativ über sie. Es ist ihr Leben. Achte auf deines.

Gesetz #8 – ziehe das Erfolgreiche magnetisch an

90 % der Menschen warten auf die perfekten Umstände, um ein Vorhaben in die Tat umzusetzen. Wir müssen die Dinge selbst anpacken, sie eigenhändig ins Rollen bringen. Wir können nicht den anderen die Schuld dafür geben, dass wir stagnieren.

Dasselbe gilt auch bei Menschen. Wir wissen, dass wir die anderen nicht ändern können. Das einzige, was wir wirklich ändern können, ist wie wir damit umgehen. Wie wir darauf reagieren .

Gehe mit den Kleinigkeiten achtsam um und die grossen Dinge werden folgen. Achte auf die Art, wie du deine Mitmenschen behandelst und auf Ereignisse reagierst. Beginne mit dem Säen und du wirst bald darauf ernten.

Mehr dazu erfährst du im Kapitel *Nutze deine Anziehungskraft*.

Gesetz #9 – setze deinen Schwerpunkt, deinen Fokus

Mit welchen Tätigkeiten verbringst du vorrangig deine Zeit? Wo liegt dein Mittelpunkt im Leben?

Wünschst du dir eine harmonische Familie, arbeitest jedoch 60 Stunden in der Woche? Das wird nicht funktionieren. Konzentriere dich auf das, was dir wichtig ist, damit es gelingen kann. Beginne, deine Arbeit zu delegieren, gib Aufgaben ab und erledige nicht alles selbst.

Nur zu arbeiten, um viel Geld zu besitzen, bringt dich nicht weiter. Mit dieser Einstellung wirst du sehr wahrscheinlich krank oder erschaffst anderweitige Nachteile.

Frage dich stattdessen: Kann ich es schaffen, nur 20 Stunden in der Woche zu arbeiten und das Gleiche zu erreichen? Was benötige ich, um diese Idee umzusetzen? Wenn ich am Tag nur zwei Stunden arbeite, welche Aktivität bringt mich dann an mein Ziel?

Fokussiere dich auf etwas und du wirst gut darin sein. Auf diese Weise produzierst du Resultate.

Wo liegt dein Fokus heute? Nimmst du Telefongespräche persönlich entgegen? Schreibst du? Nutzt du Facebook? Tweets? Suchst du im Internet? Verschickst du witzige Fotos an Freunde?

Wenn du das alles gleichzeitig erledigst, kannst du dich nicht auf etwas Einzelnes konzentrieren. Du bist nicht fokussiert.

Fokussiere dich auf das, was vor dir liegt. Machst du gerade Hausaufgaben mit deinen Kindern, konzentriere dich auf die Hausaufgaben und mach nicht parallel etwas anderes. Halte dir vor Augen: Du willst auch nicht, dass sich dein Kind parallel zu den Hausaufgaben noch mit einem Spielzeug beschäftigt.

Oftmals läuft nicht automatisch alles rund. Wir sind nicht einfach Mutter, Hausfrau, Unternehmerin und Ehefrau. Diese verschiedenen Rollen miteinander zu vereinbaren, ist schwierig. Deshalb müssen wir aktiv daran arbeiten. Wir müssen unseren Fokus setzen und definieren, wer wir sein und wie wir gewisse Dinge handhaben möchten.

Ich wollte lange Zeit alles gleichzeitig. Ich wollte eine fürsorgliche Mutter, eine gute Hausfrau, eine erfolgreiche Geschäftsfrau sein. Das raubte mir zunehmend meine Energie. Ich stellte irgendwann fest, dass es so nicht funktioniert und ich etwas ändern muss. Ich musste Zeiten oder Tage definieren, damit alle in der Familie wussten, wo an welchem Tag mein Fokus liegen würde. Ein Sportler, der gerade an einem Wettkampf teilnimmt, denkt nicht parallel an das, was er am Abend kochen wird. Er ist zu 100 % auf den Wettkampf fokussiert, auf das, was vor ihm liegt.

Erinnere dich an die Lupe und das Licht. Wenn wir Licht mithilfe einer Lupe bündeln und richtig fokussieren, beginnt ein Papier zu brennen. Halten wir die Lupe nicht genau in das Licht, funktioniert das Ganze nicht. Ähnlich verhält es sich mit uns und unseren Vorhaben. Ohne einen Fokus werden wir nicht erfolgreich sein.

Gesetz #10 – Entscheidung und Aktion

Grundsätzlich gilt: Entscheide dich. Nichts raubt dir mehr Energie und Kraft, als Dinge, die du vor dich herschiebst. Kommt ein Problem auf dich zu? Überlege. Mach dir schriftliche Notizen und triff eine Entscheidung.

Wenn du dich entschieden hast, beginne mit dem Umsetzen deiner Lösungsstrategie. Wenn du den Stein ins Rollen gebracht hast, wird er rollen. Du musst ihm jedoch selbst den Schwung geben. Meistens ist es der erste Schritt, der uns ängstigt. Sobald wir diesen geschafft haben, empfinden wir die anderen als einfach.

Entscheide dich für etwas und folge deiner Entscheidung. Bleib bei dem, wofür du dich entschieden hast und gib nicht auf. Lass Entschuldigungen und Ausreden nicht gelten.

Mache mehr aus dem, was vor dir liegt und beginne nicht woanders neu. Zeige, was du erreichen kannst, mit dem was vor dir liegt.

Es gibt Leute, die sagen: „Wenn ich erst mal reich bin, spende ich Geld!" Das Wichtigste auf dem Weg zum Erfolg ist jedoch, bereits jetzt so zu leben, als wärst du schon erfolgreich.

Investiere jetzt in dich oder in dein Geschäft, gib Geld und Hilfe weiter. Mache jetzt aus deiner Situation das Beste. Suche nicht zuerst den richtigen Job in der Annahme, dass du danach glücklich wirst. Wahrscheinlich wird es so nicht laufen. Wenn du im Jetzt nichts Schönes findest, wirst du es später auch nicht finden.
Schätze das, was du jetzt hast. Sei dankbar für das, was du in deinem Leben bereits vorfindest und mach dir bewusst, was du schon alles in deinem Leben erreicht hast.

Achte auf dein Zuhause; behandle es so, als wäre es deine Traumvilla. Im Kleinen beginnt das Grosse. Wenn du das Kleine nicht bewerkstelligen kannst, wie solltest du das Grosse bewältigen?

Wachse in dir selber und du wirst mit allem anderen wachsen.

Gesetz #11 – Ehre und Respekt

Andere Menschen zu respektieren, bedeutet nicht, zu Fremden hinzugehen und sie zu umarmen oder ausnahmslos nett zu sein. Wir achten andere Menschen, indem wir Kontakt zu ihnen herstellen, sie respektieren und akzeptieren.

Vermeide negatives Denken gegenüber anderen und halte dir vor Augen, dass der- oder diejenige seinen/ihren eigenen Weg geht, während du deinen individuellen Weg beschreitest. Schätze andere und sie bringen dir Wertschätzung entgegen. Was du aussendest, kommt immer zu dir zurück, wenn auch manchmal auf Umwegen, das heisst, nicht von derselben Person.

Das bedeutet im Umkehrschluss: Wenn dein Nachbar dich ärgert, begegne ihm dennoch mit Respekt und Freundlichkeit. Dieser Respekt wird dir auf einem anderen Weg zuteil werden, selbst wenn dein Nachbar dich nicht respektiert.

Hierbei handelt es sich um physikalische Naturgesetze. Wir könnten auch sagen „Gott sieht alles, darum tue Gutes und Gutes wird dir widerfahren."

Respektiere alle deine Mitmenschen, nicht nur Bekannte, Freunde und Verwandte. Übe den respektvollen Umgang im Supermarkt, auf dem Bahnhof, dem Flughafen beim Bäcker usw. Sei aufmerksam und achte auf deine Mitmenschen.

Nimm sie wahr, lerne sie kennen, beginne ein Gespräch mit ihnen, das du aktiv führst, anstatt auf ihre Fragen zu warten.

Das alles kannst du in nur 60 Sekunden umsetzen, zum Beispiel mit meiner FAFA-Formel, die ich dir im nächsten Kapitel vorstelle.

So nutzt du deine Anziehungskraft

Wir alle kennen Zeiten oder Tage, an denen wir uns von Problemen frustriert fühlen, die wir gerade nicht mühelos lösen können.

Schon vor vielen Jahren hat mir mein Coach Brenda diesen Rat mitgegeben: Es sind nie die Umstände Schuld. Es geht darum, wie wir mit den Umständen umgehen, ob wir sie in einen Erfolg verwandeln.

Viele Menschen warten auf die perfekten Umstände, bevor sie aktiv werden. Häufig „füttern" Menschen die jeweiligen Umstände noch oder geben ihnen die Schuld daran, dass sie nicht vorwärts kommen. Sie vergeuden viel Zeit mit Jammern. Wenn du dich stattdessen mit dem Finden von Lösungen beschäftigst, wirst du Resultate erhalten und dein Leben verändert sich.

Orientiere dich an deinen Lösungen. Es steht und fällt damit, ob du erfolgreich bist oder dich selbst zum Scheitern verurteilst.

Im Kleinen beginnt das Grosse

Wenn du mit den kleinen Dingen achtsam umgehen kannst, folgen dir die Grossen. Bereite dich innerlich und äusserlich darauf vor: Zeige schon jetzt, dass du bereit für den Erfolg bist, indem du dein jetziges Leben im Griff hast.

Läuft bei dir alles chaotisch? Beginne abzugeben und nimm dir weniger auf einmal vor. Gehe einen Schritt zurück, bis du wieder Zeit und Kraft hast, alles fundiert zu erledigen.

Achte auf die Dinge, die schon vor dir liegen. Erledige eine Sache zuerst, bevor du dich der nächsten widmest. Vielleicht gefällt dir diese Herangehensweise nicht und du verspürst den inneren Antrieb, möglichst viel auf einmal schaffen zu wollen. Nimm dich dennoch bewusst zurück und konzentriere dich darauf, einen Schritt nach dem anderen zu machen.

Was liegt permanent bei dir herum? Was hast du bisher nicht zu Ende gebracht? Erledige diese Dinge zuerst. Um erfolgreich zu sein, müssen wir auch Aufgaben erfüllen, die uns nicht immer gefallen.

Genau diesen Schritt musst du bewältigen, um zu den 10 % der Menschen zu gehören, die erfolgreicher sind als der Rest. Viele Menschen lassen diesen Schritt weg, weil sie meinen, er sei unwichtig. In der Realität sieht es jedoch so aus: Je mehr du deine Komfortzone verlässt und dich unangenehmen Aufgaben stellst, desto mehr Spass wird es dir mit der Zeit machen, an diesen Dingen zu wachsen und neue Herausforderungen zu suchen. Es ist reine Übungssache.

Die meisten von uns übersehen das, was vor ihnen liegt. Sie beginnen mit dem, was sich in der Entfernung befindet und machen so den zweiten Schritt vor dem ersten.

Sie suchen etwas Neues oder bauen etwas Neues auf, anstatt das zu nutzen, was schon da ist.

Häufig passiert ihnen das sowohl in der Beziehung als auch im beruflichen Bereich.

Denkst du, dein Leben wird einfacher oder besser, wenn du deinen Partner verlässt und dir einen neuen suchst? Nach einiger Zeit wirst du vermutlich wieder am gleichen Punkt angelangen.

Wenn du etwas mit Macht in eine bestimmte Richtung zwingst, wird es nicht funktionieren. Deshalb solltest du auf deine Zeit achten und gut mit ihr umgehen. Auf diese Weise wirst du sie gewinnbringender nutzen. Erfolgreiche Menschen sind Profis in puncto Zeitmanagement. Investiere mehr Zeit und Geld in das was vor dir ist.

Gehe bewusst mit Geld um und es wird mehr Geld zu dir kommen. Wenn du behutsam mit deinem Einfluss umzugehen weisst, wird mehr Einfluss auf dich übertragen werden.

Woher kommt das Geld?

Von woher kommt das Geld zu dir? Genau – es kommt von anderen Menschen. Das Geld kommt nicht von der Bank oder sonst woher, es kommt direkt von den Menschen.

Wenn Menschen dich nicht mögen, bleibt auch das Geld aus. Kunden mögen vorrangig die Menschen und nicht primär das jeweilige Produkt. Wenn die Leute eine Beziehung zu dir aufbauen, bleiben sie bei deinem Produkt. Wenn nicht, werden sie sich wahrscheinlich für das (billigere) Konkurrenzprodukt entscheiden.

Wie oft macht ein Verkäufer den Fehler, ein Gerät bis ins Detail zu erklären? Der Kunde wünscht sich jedoch oft nur eine Bestätigung, ob dies ein guter Kauf wäre oder nicht.

Wenn dein Partner dir etwas schenken möchte, und er sich mit Schmuck oder Blumen nicht auskennt, soll ihm die Verkäuferin dann erklären, was Lilien sind oder was es mit diesem oder jenem Modeschmuck auf sich hat? Vermutlich möchte dein Partner einfach ein ehrliches Wort hören, ob das Geschenk eine gute Idee wäre und dir gefallen könnte. Wenn wir Dinge zu sehr im Detail erklären, vergeht den meisten Menschen die Lust.

Wie verkaufst du ohne zu verkaufen?

Viele Verkäufer verkaufen nicht professionell genug. Sie achten nur auf den sofortigen Verkauf. Professionelle Verkäufer achten auf einen Langzeitvorteil. Sie wissen: Menschen kaufen bei Menschen ein.

Wenn ihre Kunden sich ernst genommen fühlen und von ihnen geachtet werden, kommen sie wieder. Sie stellen zu ihren Kunden eine Beziehung her, die für beide Seiten fruchtbar verläuft – was letztendlich zum Erfolg führt.

Verkaufen ist wie Fischen. Du musst den Fisch vorsichtig anlocken, du kannst ihn nicht mit Gewalt zwingen, deinen Köder zu fressen. Wenn der Fisch ein wenig vom Köder schnappen konnte, will er mehr. Es gefällt ihm. Er bleibt dran und beisst später wieder zu.

Menschen verhalten sich ähnlich. Wenn du freundlich und zuvorkommend bist, möchten andere mehr über dich, deine Produkte, deinen Service oder deine Ideen erfahren. Sie möchten deine Produkte kaufen oder deine Leistungen in Anspruch nehmen. Wenn sie dich besser kennen und irgendwann etwas benötigen, das du ihnen anbieten kannst, werden sie auf dich zukommen.

Über 90 % der Menschen fischen einfach wild drauf los. Sie fragen Kunden nicht nach ihren Wünschen, sondern wollen lediglich etwas verkaufen – im schlimmsten Fall etwas, das der andere gar nicht braucht.

Was macht dein potenzieller Interessent in einer solchen Situation? Er sucht das Weite und kommt nicht wieder. Du hast den Fisch verloren.

Damit dir das in Zukunft nicht passiert, habe ich zusammengefasst, wie du das Problem mithilfe von Beziehungen lösen kannst. Wenn du aktiv Werkzeuge wie Freundschafts-Marketing, Rapportaufbau, Körpersprache und das Wissen über die Charaktere der Menschen anhand ihrer Edelsteinzeichen (siehe betreffendes Kapitel) nutzt, wirst du deinen Erfolg magnetisch anziehen und deinen Einfluss vergrössern.

Freundschaften entstehen, wenn wir Menschen kennenlernen. Das tun wir, indem wir Fragen stellen und den anderen bewusst wahrnehmen.

Das Buch von Dale Carnegie „Wie man Freunde gewinnt: Die Kunst, beliebt und einflussreich zu werden" kann ich jedem nur ans Herz legen. Es geht nicht darum, einfach Freunde zu finden, sondern darum, aus Geschäftspartnern und Kunden Freunde zu machen.

Wenn dich die Menschen mögen und du Einfluss nimmst, werden sie auf dich hören. Auf diese Weise kannst du deine Nachricht einfacher vermitteln, egal, ob du ein Produkt oder eine Dienstleistung verkaufst. Deine Kunden vertrauen dir und dein Einkommen wird wachsen. Lerne, die Menschen zu verstehen. Gib ihnen was sie sich wünschen.

Was wünschen sich die meisten Menschen? Jeder von uns möchte sich besonders fühlen.

Jeder möchte einen Wert für den oder die Anderen besitzen. Viele Menschen denken, sei seien bereits gut darin, mit anderen Menschen umzugehen, nur weil sie freundlich und nett sind. Wenn es nur dies wäre, wäre praktisch jeder von uns einflussreich und vermögend.

In der Realität geht es um viel mehr. Es geht um die Verbindung zur anderen Person. Dies müssen wir lernen, um ein Meister darin zu werden. Die wenigsten von uns befassen sich mit diesem Aspekt.

Nutze den Rapportaufbau

Um Freundschaften aufzubauen, braucht es:

- ehrliches Interesse
- Zuhören
- Ermutigen
- den Namen des Gegenübers benutzen
- Geschäftsentwicklungen üben

Behandle jeden Menschen wie einen Freund

Behandle jede Person, mit der du sprichst, als würdest du sie schon lange kennen. Stelle Fragen, sei offen, freundlich, lächle, erkundige dich. Sprich mit netter Stimme, sei aufmerksam.

Wünsche der Person alles Gute. Richte es ein, dass sie sich gut fühlt, insbesondere nach einem Gespräch mit dir, selbst wenn ihr nur zwei
oder drei Austauschsätze gewechselt habt. Bring etwas Positives ein und nimm die Person, dein Gegenüber, wahr. Mache ihr ein Kompliment, wenn dir etwas Positives auffällt. Achte bewusst darauf, es gibt an jedem Menschen etwas, das du positiv erwähnen kannst.

Interessiere dich wirklich für den anderen

Lerne, wie du dich aufrichtig für den anderen interessierst. Es geht nicht darum, dass du den anderen sinnlos vollquatschst. Es geht ums Zuhören. Stelle Fragen und lass den anderen ausreden. Nur auf diese Weise lernst du die Person kennen. Wenn du raushörst wie wichtig deinem Gegenüber beispielsweise sein/ihr Hund ist, dann sag etwas Positives über diesen Hund. Das gibt der Person ein gutes Gefühl. Es macht ihn/sie stolz, er/sie fühlt sich besonders und du bleibst diesem Menschen positiv in Erinnerung.

Viele Menschen wollen nur von sich selbst erzählen. Kennst du folgendes Szenario: Jemand fragt dich, wie es in deinen Ferien war. Du willst gerade etwas erzählen, schon beginnt der Fragende und erzählt von seinen Ferien. Solche und ähnliche Situationen erlebe ich immer wieder. Traurig, nicht?

Der andere hinterlässt automatisch den Eindruck, er wäre nicht wirklich an uns interessiert.

Benutze die FAFA-Formel, um echtes Interesse zu signalisieren.

Höre gut zu

Zuhören in einem Gespräch heisst nicht, abzuwarten bis man selbst zu Wort kommt. Höre in Ruhe zu, unterbrich den anderen nicht. Zuhören heisst Vertrauen aufzubauen, den Anderen zu respektieren. Du erfährst, wer er ist, was ihm etwas bedeutet und was wichtig für ihn ist. Erledige nichts parallel, schaue der Person in die Augen, sei ein angenehmes und ruhiges Gegenüber. Sprich nicht dazwischen. Frage nach, damit du ihn/sie noch besser kennenlernst.

Anerkennung und Wertschätzung

Menschen lieben es, wenn sie geschätzt werden. Warum nutzen wir das nicht? Es ist ein einfacher Weg, diesen Einfluss für sich zu gewinnen. Achte darauf und gib zukünftig von Herzen den Menschen diese Anerkennung. Ein einfacher Weg wäre zum Beispiel, jemandem ein Kompliment zu machen. Nun kannst du aber nicht aus heiterem Himmel ein Kompliment machen, du musst die Person anschauen, wahrnehmen, achtsam sein.

Nur dann fällt dir auf, was an dem Anderen besonders ist. Es gibt so vieles, das wir erwähnen können. Das fängt bei einfachen Dingen wie dem Nagellack an und zieht sich über das ansteckende Lachen, die Ausdrucksweise, die Einstellung bis zu etwas Speziellem im Erscheinungsbild des Betreffenden.

Nutze den Namen deines Gegenübers

Ist dir bewusst, wie wichtig wir unseren Namen finden? Unseren eigenen Namen nehmen wir immer wahr. Ihn zu hören oder zu lesen, bedeutet uns viel. Unterschätze diese Wirkung nicht, in ihr liegt ein unvorstellbarer Wert.

Egal wo wir sind, wir achten immer auf unseren Namen. Wie wurde er geschrieben? Steht er korrekt auf der Liste? Die Menschen lieben es, ihren Namen zu hören. Genauso wie sie es lieben, von sich selbst zu erzählen. Der Mensch fühlt sich gebraucht und wichtig. Wenn du dich an die Namen der Kinder oder des Hundes erinnern kannst, wird dein Gegenüber staunen. Es fühlt sich geehrt und geachtet – es fühlt sich wahrgenommen. Sehr wahrscheinlich bleibst du der Person in (positiver) Erinnerung.

Wenn sich jemand bei dir vorstellt oder du dich nach dem Namen erkundigst, frag nach, wie man den Namen buchstabiert oder wiederhole ihn noch mal, egal ob der Name schwierig oder einfach für dich ist.

Auf diese Weise kannst du dir den Namen besser einprägen. Insbesondere zu Beginn einer Unterhaltung solltest du öfters den Namen benutzen. Die Person fühlt sich geschmeichelt und du weisst danach sicher ihren Namen. Probiere, eine Eselsbrücke einzubauen. Wenn ihr unter Leuten seid, stelle die Person den anderen vor, erwähne jedes Mal ihren Namen. Frage nicht mit Worten nach wie: „Oh, wie war dein Name noch mal?" Derartige Nachfragen wirken oberflächlich.

Praktiziere Geschäftsentwicklung

Ehre und respektiere deine Kunden. Achte immer darauf: Du willst nicht einmalig etwas verkaufen. Du möchtest deine Kunden nicht ausnutzen. Du wünschst dir langjährige Kunden- und Geschäftsbeziehungen. Eine Person einfach nur auszunehmen, bringt keinem etwas. Wir wollen, dass unsere Kunden Freude an unserem Produkt haben, dass Sie ihre Erfahrungen weitererzählen und sagen: „Das habe ich von der Lisa, sie ist eine aufmerksame Beraterin."

Wenn du mit jemandem sprichst, denke nicht ans Verkaufen. Überlege dir stattdessen, wie du die Person unterstützen kannst. Wenn sie dir vertraut, wird sie wieder zu dir kommen, wenn sie etwas benötigt.

Körpersprache

Wenn wir mit jemandem sprechen, nehmen wir 93 % des Gesagten über die Körpersprache wahr, nicht über die Worte. Wir nehmen primär nicht auf, *was* die Person sagt, sondern *wie* sie es sagt. Daher ist es wichtig, dass die gesprochenen Worte mit unserer Körperhaltung übereinstimmen.

Stell dir vor, du verkaufst Immobilien und darfst einem potenziellen Käufer ein Haus präsentieren. Du bist der Ansicht, dass der Preis für das Haus nicht angemessen ist. Diese innere Haltung wird dein Gegenüber in deinem Unterton, in der Art, wie du sprichst, wahrnehmen. Deine Zweifel werden unbewusst sichtbar für den Kunden. Die Folge: Er wird vom Kaufwunsch zurücktreten, auch wenn du sonst alles richtig gemacht hast.

In derartigen Gesprächen, insbesondere in Verkaufsgesprächen, müssen die Fakten überzeugen anstatt etwas infrage zu stellen. Überlege dir vorher, ob du Zweifel hegst, warum du Zweifel hast und wie du sie klären kannst. Du musst vollständig hinter einer Sache stehen können, nur auf diese Weise wirst du korrekt und stark auftreten.

Wenn wir eine Aufgabe oder Arbeit nicht gern erledigen, kann es sein, dass wir unsere Haltung dieser inneren Einstellung anpassen. Achte auf dich selbst:

Wie sitzt du, wenn dich etwas nicht begeistert? Wie läufst du, wenn du nicht zu einem bestimmten Termin gehen möchtest? Wie ist dein Gesichtsausdruck? Schon von Weitem erkennt man unsere innere Haltung zu einer bestimmten Sache. Wir sind einfach zu lesen – unsere Einstellung lässt förmlich alles an uns herunterhängen. Unser Gang ist gebeugt, nicht locker schwunghaft, als würden wir uns gerade freuen. Unsere Mundwinkel zeigen nach unten, die Schultern hängen. Unsere Einstellung überträgt sich auf unseren Körper.

Stell dich hin, richte dich auf, ziehe deinen Bauch ein, straffe deinen Rücken und deine Schultern und setze ein Lächeln auf. Wie fühlst du dich jetzt?

Überrascht? So schnell kannst du deine Gefühle ändern. Spürst du es? Unsere Gefühle passen sich unserer Haltung an. Lass dich nicht unterkriegen, wenn ein Gefühl dich zu erdrücken versucht. Genau in dem Moment richtest du dich auf, damit du positiv durch den Tag gehst.

Erinnere dich: Wenn du eine positive Mitteilung erhältst, wie läufst du danach umher? Vermutlich nicht in geduckter, hängender Haltung – nein, du strotzt vor Stolz! Und das zeigst du in deiner Gangart, darin, wie du dich bewegst, wie du stehst.

Setz dich beim nächsten Kaffeeklatsch mit deiner Freundin in ein Strassencafé und beobachte die Menschen. Studiere nicht ihre Kleidungsstücke, schau dir die Menschen an. Wie sind Gangart, Kopfhaltung, die Schultern oder der Schwung?

Nimm Kinder unter die Lupe, wenn sie etwas machen müssen, was ihnen nicht gefällt. Egal ob Teenager oder Kindergartenkinder, wenn die Kids keine Lust haben, hängt alles an ihnen herunter – mehr Schlendern geht nicht. Stoppe diesen Körperausdruck bei deinem eigenen Kind sofort. Lasse eine derartige Haltung nicht zu; es ist eine reine Übungssache. Dein Kind wird später dankbar dafür sein, wenn es frühzeitig gelernt hat, sich nicht gehenzulassen, sondern auch ungeliebte Aufgaben zu erfüllen. Wenn deinem Kind bewusst ist, wie es mit negativen Bemerkungen oder Absagen umgehen kann, wird sein Leben einfacher. Es ist nicht schwer: Lächle, stehe gerade und sei kraftvoll.

Jedes noch so kleine Erfolgserlebnis lässt dich schneller wachsen.

Die FAFA-Formel – so interviewst du richtig (Gespräche führen, Fragen stellen)

Viele von uns sprechen zu viel. Um gehört zu werden, müssen wir mehr zuhören, aufmerksamer sein. Die meisten Menschen nehmen ihr Gegenüber nicht richtig wahr. Respekt und Wertschätzung einem anderen Menschen gegenüber sind enorm wichtig. Dazu gehört auch, richtig zuzuhören. Wie kriegen wir das hin?

Indem wir offene Fragen stellen. Probiere das ab heute bei jedem Menschen aus, zu dem du Kontakt hast. Gehe nicht forsch auf ihn zu und erzähle von dir und deinen Erlebnissen. Beginne besser mit den Fragen der FAFA-Formel. Nutze sie idealerweise täglich, sie wird dich weiterbringen.

Die Buchstaben FAFA stehen für:

F = Familie
A = Arbeit, Beruf
F = Freizeit, Erholung, Hobby
A = Aussage, Mitteilung

Jede Person interessiert sich für andere Dinge. Wir können nicht mit jedem über die Familie oder die Arbeit sprechen, was sich auch in den vier

Charaktertypen spiegelt. Diese lernen wir in einem späteren Kapitel kennen. Wenn wir wissen, welchem Charaktertyp unser Gegenüber angehört, fällt es uns viel leichter, ein Gespräch zu führen. Wir können einschätzen, was diese Person interessiert und können gezielt in diese Richtung fragen.

Welche Fragen kannst du nun in den vier Bereichen stellen? Wenn du im nächsten Kapitel die Edelsteinzeichen, das heisst, die vier Charaktere kennengelernt hast, kannst du besser erkennen, wem du welche Fragen stellen solltest.

F steht für Familie
Woher stammst du? Bist du verheiratet? Hast du Kinder? Wie alt sind deine Kinder? Was machen sie gerne? Wie lange wohnst du schon an deinem jetzigen Wohnort? Wo bist du zur Welt gekommen? Woher stammen deine Eltern? Hast/Hattest du eine Uroma und wo lebt/e sie? Was magst du an der Gegend deines aktuellen Wohnortes? Hast du Geschwister? Wie wohnst du?

A für Arbeit
Was arbeitest du? Was hast du gelernt? Welche Weiterbildungen hast du absolviert und wo? Wie lange arbeitest du schon? Was liebst du an deiner Arbeit? Was machst du weniger gern? Möchtest du noch etwas lernen? Was willst du (noch) erreichen?

Wenn du etwas ändern könntest, was würdest du ändern? Würdest du wieder das Gleiche lernen und deinen beruflichen Werdegang genauso gestalten?

F für Freizeit, Fun
Was machst du in deiner Freizeit? Was unternimmst du gegen Stress? Was macht dir Freude? Wie oft pflegst du dein Hobby? Übst du es allein oder mit jemandem zusammen aus? Wie bist du dazu gekommen und wo gehst du deinem Hobby nach? Spielt es schon seit deiner Kindheit eine Rolle in deinem Leben? Nimmst du regelmässig Kurse wahr? Treibst du Sport? Warum? Wie oft? Wie lange? Was interessiert dich ausserdem?

A für Aussage, Meldung
Wenn du herausgefunden hast, was dein Gegenüber interessiert und du einen Zusammenhang zu deinem Produkt oder deiner Dienstleistung herstellen kannst – offeriere es. Das Ziel ist, herauszufinden, für wen dein Produkt/deine Leistung passen könnte.

Wenn du Geschäfte machst, du beispielsweise dein Auto verkaufen oder ein neues Auto kaufen möchtest, ist es wichtig, Fragen an den Käufer/Verkäufer zu stellen. Lerne dein Gegenüber kennen, damit du ein gutes oder schlechtes Gefühl erspüren kannst. Achte darauf wie ein Mensch über einen anderen spricht. Gerade wenn du eine grössere Investition machen möchtest, betrachte nicht nur die Fakten, unterhalte dich mit dem Verkäufer oder Vermittler. Sprich nicht über das Objekt, lass die Person über sich selbst sprechen.

Auf diese Weise kannst du herausfinden, warum der andere etwas verkauft. Was ist sein Argument, worin liegt sein Ziel? Wenn du weisst, was die andere Person für Ziele hat, kannst du sie unterstützen. Durch deine Unterstützung wird sie sich gut fühlen und dich weiterempfehlen.

FAFA bei der Arbeit

Du kannst FAFA nicht nur im privaten Bereich nutzen, auch bei der Arbeit ist die Formel hilfreich. Die Fragen sind überall anwendbar – du wirst überwältigt sein über das, was dich retour erreicht. Starte genau dort, wo du heute stehst. Du musst auf nichts warten.

Interessiere dich für andere, unabhängig davon, ob es dir persönlich etwas bringt – darum geht es nicht. Wie (positiv) überrascht ist so mancher Mitarbeiter, wenn du ihn/sie beim Namen nennst? Viele Angestellte tragen mittlerweile ein Namensschild. Lies den Namen und erwähne ihn. Probiere, dem anderen ein gutes Gefühl zu geben – aus reiner Nächstenliebe.

Wie kannst du das für dich anwenden?

Konzentriere dich auf dein Gegenüber. Lerne es kennen und bringe deine Vorschläge auf eine Weise ein, die dein Gegenüber schätzt. Nutze die vier Edelsteincharaktere, um deine Mitmenschen einzuschätzen.

Wenn du dieses Wissen in deinem Beruf umsetzt, wirst du Erfolg haben. Das heisst nicht, dass du selbst mehr und mehr arbeiten sollst. Vielmehr geht es darum, deinem Arbeitgeber zum Erfolg zu verhelfen und das erreichst du, indem du so arbeitest, als ginge es um deine eigene Firma.

Die vier Charaktere erkennen – nutze die Edelsteinzeichen

Gehen wir einen Schritt weiter und widmen wir uns den vier Charaktertypen anhand der Edelsteinzeichen.

Ist dir bewusst, dass über 90 % der Menschen sich keine Gedanken darüber machen, dass sie sich nicht mit den Eigenschaften anderer Menschen beschäftigen? Das Wissen um die verschiedenen Charaktertypen wird dir sehr schnell einen Nutzen für dich und dein Umfeld ermöglichen. Du wirst beim Lesen der folgenden Seiten vielleicht einige „Aha-Erlebnisse" haben. Bestimmt wirst du schmunzeln. Ich zeige dir auf, wie du mit einer bestimmten Person umgehen musst, damit der Kontakt für euch beide einfacher und stressfreier wird.

Wir wissen, dass wir keinen anderen Menschen ändern können. Was wir dagegen beeinflussen können, ist unsere Reaktion auf den anderen. Unsere Reaktion zu beeinflussen, bedeutet jedoch nicht, dass wir uns selbst ändern müssen. Es geht einzig und allein darum, wie wir anders (im Sinne von angemessener) auf eine bestimmte Situation reagieren können.

Die vier Edelsteinzeichen

Man geht heute davon aus, dass es insgesamt vier Temperamente (= vier Charaktere) gibt: Melancholiker, Choleriker, Sanguiniker und Phlegmatiker.

Diese Typologie wurde durch Galen und Hippokrates fixiert. Ich persönlich empfinde diese Eingruppierung als schwierig, da sie auf mich sehr negativ wirkt. Möchtest du als Melancholiker abgestempelt werden, selbst wenn du nach Galen und Hippokrates dieser Gruppe angehörst?

Auf der Suche nach einer ähnlichen Methode, die positiver und noch dazu einfacher zu verstehen ist, bin ich auf eine Typologie aus den USA gestossen – die vier Edelsteinzeichen. Bei dieser Methode wird jedem Temperament ein bestimmter Edelstein zugeordnet, was sich aus meiner Sicht viel besser anhört und anfühlt. Wer wird nicht gern mit einem Saphir oder Rubin verglichen?

Laut dieser Methode gibt es vier Edelsteine, (ich nenne sie im Folgenden „Edelsteinzeichen"): Saphir, Perle, Smaragd und Rubin.

Demnach tragen wir alle vier Charaktere in uns, wobei mindestens einer von Geburt an deutlicher zum Vorschein kommt. Bei manchen Menschen kommen sogar zwei zum Tragen.

Hier ein kurzer Überblick, damit du siehst, welche Eigenschaften jedem Stein zugeordnet werden:

Saphir
Ein Saphir liebt Spass und Fun. Diese Menschen sind sehr sozial, brauchen und lieben Leute um sich herum.

Perle
Die Perle liebt es, Menschen und/oder Tieren zu helfen. Alle Charaktere helfen gern, die Perle tut dies mit einer Hingabe, die sie von den übrigen Zeichen deutlich unterscheidet.

Smaragd
Ein Smaragd liebt Fakten und Zahlen. Bei ihm gibt es ein Entweder-oder, keine Grauzone. Er teilt alles in Schwarz oder Weiss.

Rubin
Rubine lieben Herausforderungen und Wettbewerbe. Sie wollen meistens die Ersten sein.

Auf den nächsten Seiten gehe ich genauer auf die einzelnen Edelsteine ein, damit du in der Lage bist, deine Mitmenschen den Edelsteinzeichen zuzuordnen. Wenn du diese Zuordnung beherrschst, weisst du anschliessend, wie du deinem Mann beispielsweise deine Traumferien „verkaufen" kannst.

Wir alle sind in einer Hinsicht Verkäufer, egal ob im Beruf, der Familie oder in unserem Hobby. Du wirst Antworten finden und lernen, wie du ohne Tricks, Gemeinheiten oder anderweitigen unfairen Dingen deinen Mitmenschen deine Ziele näherbringst – vollkommen ehrlich und menschlich.

Du erhältst Antworten auf Dinge, die du nicht ändern kannst. Zum Beispiel auf Fragen wie: „Warum kommt Peter immer zu spät?", „Warum will Klara immer alles schriftlich haben?"

Saphir

Saphire lieben Spass und Fun. Sie lieben Partys und haben gern Menschen um sich herum. Saphire sehen immer das Positive, nie die Kehrseite.

Wenn du einen Termin mit einem Saphir hast, erwarte nicht, dass er pünktlich ist. Saphire kommen meistens zu spät, egal was du machst. Ärgere dich nicht darüber, sei einfach nicht zu früh da. Nimm immer ein Buch oder etwas anderes mit, denn du wirst immer ein paar Minuten warten müssen.

Feste Abläufe, Termine und Routine gefallen Saphiren nicht, das gibt ihnen ein Gefühl von Gefangenheit. Sie sind nie zum vereinbarten Zeitpunkt da, aber sie sind die besten Werbepromoter. Sie lieben es, mit Menschen zu arbeiten.

Saphire lieben Veränderungen, am liebsten dauernd. Daher sind diese Menschen auch gut in der Werbung aufgehoben. Sie lieben alles Neue und probieren gerne Neues aus.

Saphire leben. Du kannst sie nicht in ein System zwängen. In der Schule sind Saphire die Schüler, welche die meiste Mühe haben, ruhig zu sitzen. Oft hören sie Sätze wie: „Sei doch endlich mal still und setze dich ruhig hin!"

Alle vier Charaktere haben ihre Vor- und Nachteile. Es gibt keine Gruppe, die besser oder schlechter als eine andere ist. Sie sind alle anders und damit müssen wir umgehen können.

Probiere nicht, aus einem Saphir einen Smaragd zu machen. Das funktioniert nicht und ist schade um die Zeit. Fördere den Menschen in den Dingen, in denen er gut ist. Was das ist, finden wir mithilfe dieser Typen-Analyse heraus.

Wenn du weisst, dass der Saphir gern Spass hat, nutze dieses Wissen beispielsweise in der Begegnung mit deinem Kind. Mach aus dem lästigen Aufräumen etwas Lustiges. Ein Befehlston kommt beim Saphir ohnehin nicht an.

Lobe deinen Saphir, wenn er mal nicht 15 Minuten, sondern nur 5 Minuten zu spät kommt. Er ist perfekt in vielen anderen Dingen. Oft kann er super mit anderen Menschen umgehen und sprüht vor Optimismus. Sein Naturell ist meistens positiv und er lacht sehr gerne. Gib positives Feedback, wenn du vom Saphir etwas möchtest – er liebt es, gelobt zu werden. Er liebt auch Überraschungsgeschenke. Nutze dieses Wissen und er wird mehr für dich machen oder sogar einmal pünktlich sein – aus reiner Motivation, nicht für Geld.

Natürlich gibt es noch viel mehr über die Eigenschaften eines Saphirs zu sagen. Diese zusätzlichen Informationen erhältst du in meinen Online-Webinaren, einem separaten Buch oder bei der *Erfolgreich-im-Alltag-Akademie.ch*

Perle

Perlen wollen allen helfen. Sie lassen sich nicht durch Geld motivieren. Sie wollen lieber etwas bewirken. Sie möchten Tiere beschützen, setzen sich für Tiere und Menschen ein.
Sie bevorzugen Naturprodukte, hätten gerne einen eigenen Garten und ziehen Gemüse auf.

Gefärbte Haare, schrilles Make-up oder auffallende Kleider gehören weniger zur Perle. Perlen sind sehr überlegt, sympathisch, pflegen gerne und sind geduldig. Sie mögen Konfrontationen nicht und geben lieber nach. Dabei müssen sie manchmal aufpassen, nicht ausgenutzt zu werden.

Das trifft auch auf den Aspekt Geld zu. Viele Perlen leihen Geld aus und bekommen es nicht zurück. Hier ist Vorsicht geboten.

Perlen lieben es, über ihre oder andere Familien zu sprechen – Menschen sind der Perle wichtig. Sie macht sich schnell Sorgen und Gedanken über andere. Persönliche Beziehungen sind der Perle ebenso wichtig. Ähnlich wie beim Saphir liebt sie es, in Gesellschaft zu sein, jedoch nicht so laut, lebhaft und nicht in grossen Gruppen.
Lieber klein und fein, aber sehr gesellig. Perlen pflegen lange Freundschaften, nicht selten bestehen diese ein Leben lang. Sie werden als sehr gute Zuhörer geschätzt.

Perlen lieben es aufgeräumt, sie machen gern sauber und mögen Ordnung. Werde nicht wütend, wenn sofort alles weggeräumt wird – es liegt in ihrem Naturell.

Smaragd

Smaragde werden motiviert von Fakten und Zahlen. Ein Smaragd ist immer pünktlich und ordentlich, sie sind super organisiert. Meist lesen sie zuerst die Gebrauchsanleitung, zählen teilweise sogar nach, ob alle Teile vorhanden sind.

Zum Vergleich: Der Saphir schaut sich die Zeichnung an und beginnt sofort mit dem Zusammenbau. Am Ende bleiben Teile übrig und er fragt sich, wofür diese wohl sein mögen.

Smaragde sind schlecht in der Kommunikation, sie werden als kalt und gefühllos wahrgenommen, was sie jedoch nicht sind. Sie können sich sehr gut ausdrücken. Wenn du ihnen genau zuhörst, wirst du wahrnehmen, dass sie in einem Rhythmus sprechen. Sie haben eine klare Sprache, damit man sie nicht falsch versteht.

Sie haben gerne Einfluss und bringen Dinge in Ordnung. Smaragde sind zum Beispiel gut darin, Handbücher oder Anleitungen zu schreiben. Smaragde fragen dauernd „Warum"? Leute, die mit dem Smaragd sprechen, haben teilweise das Gefühl, sie würden verhört werden, weil er sie so viel fragt. Oft hinterlassen Smaragde das Gefühl, man käme argumentativ nicht gegen sie an.

Ein Smaragd-Pärchen hat meistens ein perfektes Haus, ist organisiert, hat Geld auf der Bank und ist pünktlich – alles ist sehr effizient. Sie sind gesund und lieben Kultur. Nur gibt es selten Paare, bei denen beide Partner dem Edelsteinzeichen Smaragd zuzuordnen sind.

Smaragde nehmen sich viel Zeit, um Dinge herauszufinden. Sie finden immer eine Lösung, meistens sogar mehr als eine. Das Frustrierende ist nur, dass sie so viel Zeit brauchen, bis sie sich endlich für eine Lösung entscheiden können. Die Welt wäre perfekt, wenn wir alle Smaragde wären, aber es würde keinen Spass machen. Wir wären dauernd gestresst, weil wir laufend an neuen Projekten arbeiten würden.

Smaragde sind sehr analytisch, bei ihnen basiert alles auf Fakten. Sie könnten viel effektiver sein, aber sie wollen immer alles perfekt machen. Das hindert sie oft am Tun und Umsetzen.

Häufig wollen sie zunächst alles (er-)lernen, bevor sie mit der Umsetzung beginnen, auch wenn sie das Gelernte gar nicht benötigen. Viel gute Zeit geht so verloren. Daher ist der Fokus für den Smaragd sehr wichtig. Smaragde stehen zu ihrem Wort, auf sie kann man sich verlassen.

Rubin

Rubine lieben es zu gewinnen. Sie lieben Herausforderungen, mögen es, die Führung zu übernehmen und Wettkämpfe auszutragen, egal ob im Beruf oder im Sport. Es macht ihnen Freude zu zeigen, was sie können. Der Rubin will Ziele erreichen, das ist sein einziges Ziel. Wenn er nicht gewinnen kann, hat er keine Lust mitzumachen.

Sie suchen und lieben immer das Beste, egal ob es um das beste Restaurant, die besten Kleider, den schönsten Schmuck, die schnellsten Autos oder auserwähltes feines Essen geht.

Rubine mögen materielle Dinge und hochwertige Produkte. Sie stehen gerne im Mittelpunkt, möchten speziell sein und auffallen. Wenn du dich umschaust, kannst du einen Rubin sehr schnell erkennen. Meistens sind das Frauen, die in Markenklamotten auf hohen Schuhen durch die Strassen laufen. Die Kleider sind zwar nicht bequem, aber auffallend und hübsch. Oftmals möchten Rubine schöner als alle anderen sein.

Rubine möchten Führer sein, dazu sind sie geboren. Sie sind sehr mutig, entschlossen und unternehmungslustig. Sie starten immer wieder Geschäfte, um ihr eigener Chef zu sein. Sie sind handlungsorientiert und hassen es, wenn etwas zu langsam vorwärts geht. Rubine fordern immer mehr, sie drängen ihre Mitarbeiter zu mehr Erfolg. Sie sind sehr direkt, was manchmal schmerzhaft für ihr Gegenüber sein kann. Sie brauchen nicht viel Schlaf; sie sagen sich, sie können schlafen, wenn sie tot sind. Bei ihnen muss alles schnell gehen, daher verzichten sie häufig auf ein Frühstück. Am Abend haben sie meist auch keine Zeit zu essen, erst spät abends, wenn der Hunger zu gross ist, wird noch schnell etwas verschlungen.

Wenn etwas schnell und effizient getan werden muss, rufe einen Rubin zu Hilfe. Sie lieben es, sofort Hand anzulegen und Dinge umzusetzen.

Rubine sind mit sehr viel Vertrauen geboren. Sie haben keine Angst davor, ein Risiko einzugehen. Sie haben immer das Gefühl, dass sie es schaffen können. Angst vor dem Scheitern kennen sie nicht.

Rubine müssen lernen, wie sie mit den anderen Edelsteinzeichen kommunizieren können. Sie wollen stets die Nummer Eins sein, Perlen wollen stetig helfen und Saphire lieben den Spass. Kommunikation ist nur möglich, wenn alle vier Edelsteinzeichen aufeinander eingehen.

Die Sprache der Edelsteinzeichen

Frustration und Stress entstehen, wenn wir nicht mit anderen kommunizieren können. Du hast jetzt einen kurzen Überblick über die vier Edelsteinzeichen und die dazugehörigen Charaktere erhalten. Du kannst dir nun besser erklären, warum eine Person Dinge mitunter nicht so erledigt, wie du es dir wünschst. Du verstehst, dass gewisse Dinge beim anderen nicht ankommen beziehungsweise anders verstanden werden, weil er/sie eine andere Sprache spricht.
Wenn du Erfolg haben willst und etwas erreichen möchtest, musst du dich der Sprache deines

Gegenüber anpassen. Dann klappt es auch mit der Kommunikation zwischen euch.

Lerne die Sprache und Anwendungen des jeweiligen Edelsteinzeichens. Dann wirst du Harmonie erleben, weil ihr miteinander und nicht aneinander vorbei redet. Zum Vergleich: Wenn dein Partner ausschliesslich Russisch spricht, nützt es ihm wenig, wenn du nur Spanisch sprechen kannst.

Du beherrschst das Ganze, wenn ein Rubin meint, du seist auch ein Rubin, oder eine Perle denkt, du seist eine Perle, weil du dich wie sie verhältst. Das gefällt deinem Gegenüber und es fühlt sich sicher, hat Vertrauen zu dir.

In speziellen Workshops kommt dies natürlich noch mehr zur Geltung, hier kann man die einzelnen Edelsteinzeichen direkt gegenüberstellen und das Gesagte wird ersichtlich. Demnächst findest du dazu mehr Informationen und Beispiele auf meiner Website.

In diesem Buch sind zunächst ein paar Starthilfen für dich zusammengefasst, mit deren Hilfe dir vermutlich einiges in deiner Familie, deiner Beziehung und deinen beruflichen Kontakten klarer wird.

Du kannst dieses Wissen super anwenden, wenn du deinen Mann beispielsweise davon überzeugen möchtest, eure Ferien am Strand zu verbringen oder deinen Chef für eine neue Idee begeistern willst. Finde zuerst heraus, welches Edelsteinzeichen er ist und sprich in seiner Sprache mit ihm oder stelle Informationen so zusammen, wie er sie gern hätte.

Wie deine Idee oder dein Vorschlag beim anderen ankommt

Wenn du weisst, was dein Gegenüber für ein Edelsteinzeichen ist, weisst du auch, wie du ihm deine Idee „verkaufen" musst, damit sie bei ihm einschlägt. Einen Smaragd kannst du nicht mit Geschichten und Phantasie überzeugen, er möchte es schriftlich in Fakten sehen. Wenn dein Mann zum Beispiel ein Smaragd ist und du ihn in puncto Ferien überzeugen möchtest, schreibe ihm die Fakten über die Destination, den Preis, die Dauer etc. auf. Das liebt er, deshalb wird es ihm gefallen und du hast es leichter, ihn für das Vorhaben zu gewinnen.

Im Folgenden liste ich dir eine kurze übersichtliche Zusammenfassung für jedes Edelsteinzeichen auf.

Saphir

Wenn du Ideen mit dem Saphir teilen möchtest, halte sie optimistisch und einfach. Saphire lieben es, dich persönlich zu sehen, zum Beispiel während sie essen.

Lass dir alternativ etwas einfallen, damit sie aus ihrem Büro kommen. Nutze diese Punkte, um Ihnen etwas mitzuteilen:

- sprich in Geschichten
- halte es einfach, nicht technisch
- sprich nicht negativ, erwähne das Positive
- sei optimistisch und freundlich
- zeige nicht zu viele Unterlagen, sondern das Produkt
- lass ihn/sie das Produkt anfassen, spüren, sehen
- erkläre nicht zu viel über das Produkt, zeige es und gehe auf Fragen ein
- zeige ihm/ihr, wie einfach es ist und wie er/sie zu seinen Resultaten kommt
- halte die Konversation einfach und umgänglich, nicht formell
- kreiere Visionen bildlich vor seinem/ihrem inneren Auge
- unterstütze ihn/sie bei der Administration, beim Papierkram
- halte es einfach

Perle

Wenn du Ideen mit der Perle teilst, dann idealerweise persönlich oder am Telefon.

Perlen lieben den persönlichen Kontakt. Nutze die aufgeführten Punkte, um mit einer Perle zum Ziel zu kommen:

- teile und erwähne speziell die Vorteile
- schildere, wie die Vorteile ihr/ihm und ihrer/seiner Familie helfen
- wenn möglich, mach den Termin bei der Perle aus oder an einem Ort, an dem es ihr gut gefällt – dann fühlt sie sich wohl
- erzähle Geschichten von Menschen, die positive Erfahrungen mit dem Produkt/der Dienstleistung gemacht haben und schildere, wie diese sich fühlen
- lasse die Perle am Anfang der Unterhaltung wissen, dass du erfreut bist, diese Idee mit ihr zu teilen
- sage ihr, dass du sie immer unterstützen wirst, egal welche Entscheidung sie trifft
- höre genau und intensiv zu
- wenn es passt, frage, ob sie Fragen hat, damit sie nicht das Gefühl erhält, du würdest ihr etwas verkaufen wollen; gib ihr das Gefühl von Wertschätzung
- halte die Konversation unter Kontrolle
- gib nur einen Teil der Details preis, lass lieber die Empfehlungen der anderen wirken

Smaragd

Wenn du deine Ideen mit einem Smaragd teilen möchtest, richte alle Informationen und halte das Material bereit. Ihm musst du nichts erzählen, er will es selbst studieren. Smaragde suchen meist auch selbst nach weiteren Informationen. Persönlichen Kontakt braucht der Smaragd nicht viel. Telefon, E-Mails und Websites funktionieren für ihn am besten.

Nutze folgende Punkte, um einem Smaragd deine Ideen oder dein Produkt zu präsentieren:

- Sende ihr/ihm bereits vor dem Treffen alle Unterlagen und Infos zu. Wenn das nicht möglich ist, lasse sie/ihn wissen, dass du ihr/ihm sofort beim Treffen die Unterlagen überreichen wirst.
- Erkläre warum diese Idee oder das Produkt Sinn macht.
- Zeige den Wert des Produktes oder der Idee.
- Erkläre, warum es funktioniert, aber übertreibe nicht.
- Stelle sicher wie du seine/ihre Bedürfnisse mit dem Produkt decken kannst.
- Wenn du die Antwort auf eine Frage nicht weisst, sei ehrlich und sage, dass du diesen Punkt abklären und die Infos später mitteilen wirst.

- Schildere Erfahrungen von anderen Menschen, die mit dem Produkt gute Ergebnisse erzielt haben. Sprich nicht darüber, wie sie sich fühlten, schildere was dabei herausgekommen ist.

Rubin

Um deine Idee einem Rubin zu präsentieren, sei scharf und prägnant. Erwähne, warum er dies oder jenes einfach haben muss und erkläre ihm, was er davon hat. Sprich nicht lange um den Brei herum, gehe schnell vorwärts.

Nutze folgende Punkte, um einem Rubin deine Ideen oder dein Produkt zu präsentieren:

- Zeige kurze Erfahrungen von anderen.
- Sei am Resultat orientiert.
- Erkläre, warum das Produkt oder die Idee das Beste ist, wie schnell damit Resultate erzielt werden können und wie sie/er es erhalten kann.
- Halte alles knapp.
- Halte ihm seine Ziele vor Augen und wie er diese erreichen kann.

Erfolgreiche Kommunikation mit jedem einzelnen Edelsteinzeichen

Jede Person will wissen, wer du bist und warum sie dir zuhören soll. Genau aus diesem Grund passen wir unser Verhalten unserem Gegenüber an. Das schmeichelt ihm, derjenige fühlt sich wohl und hört auf dich.

Saphir

- Halte die Konversation mit dem Saphir verbindend (interaktiv).
- Halte es einfach.
- Sei humorvoll.
- Integriere ihn in das Gespräch.
- Sei kurz und knackig im Gespräch, so fällt es ihm leichter, im Gespräch zu bleiben.
- Mache es unterhaltsam.
- Halte alles positiv.
- Sprich in einer einfachen Sprache, keine speziellen Fremdwörter und nicht zu seriös.
- Erzähle in Geschichten, zeige Bilder.

Perle

- Erzähle langsam und mit ruhiger Stimme. Sei nicht forsch oder laut.
- Integriere die Perle sofort ins Gespräch.

- Sei offen und ehrlich, das ist eine Perle auch.
- Sprich nicht zu begeisternd, das ist zu viel für sie.
- Bringe persönliche Geschichten mit ein, Geschichten darüber, wie du anderen geholfen hast.
- Sei echt. Perlen können fühlen, wenn du nicht authentisch bist, sie werden dir nicht vertrauen.
- Erzähle Geschichten, zeige Fotos.

Smaragd

- Sprich lösungsorientiert und detailliert.
- Nutze Fakten und Zahlen, wenn möglich im Gespräch.
- Erkläre, „Warum" etwas so ist. Beispiel: „Du fragst dich, warum das wichtig ist? Lass es mich erklären."
- Erkläre die Lösung.
- Fokussiere dich auf die Schritte, die du im Gespräch machst.
- Sei genau und gründlich, gib viele Informationen. Umso mehr sie haben, desto besser fühlen sie sich.
- Erzähle sachliche Geschichten.

Rubin

- Komm schnell zum Punkt.
- Zeige ihm Lösungen und nicht die Probleme.
- Quassel nicht zu lange herum, Smalltalk muss nicht sein.
- Halte das Gespräch kurz und lösungsorientiert.
- Zeige ihm, wie er sein Ziel erreichen kann.
- Gib ihm die Möglichkeit, dies jetzt zu machen, Saphire mögen das Warten nicht.
- Gib ihm Herausforderungen, die lieben sie.
- Sag ihm, dass es ohne ihn nicht gehen würde.
- Erzähle Resultat orientierte Geschichten.

Wie du dank den Edelsteinzeichen überzeugen kannst

Wir alle müssen täglich uns oder unser Tun verkaufen. Sei es bei unseren Kindern, damit sie lieber Gemüse statt Schokolade essen, wenn wir einen bestimmten Job möchten oder unseren Mann von einem Urlaub am Strand überzeugen wollen.

Übe dich täglich darin. Bei jeder Person, der du begegnest, kannst du es ausprobieren und dazulernen.

Für eine erfolgreiche Verhandlung, folge diesen Schritten:

1. Wähle etwas aus, das du bewerben möchtest

Das kannst du selbst sein oder etwas, das du haben möchtest wie zum Beispiel ein Fahrrad, Ferien, etwas für einen Job oder für dein Geschäft, für eine Idee oder ein Produkt etc.

2. Schreibe auf, was der andere davon hat

Was sind seine Vorteile? Achte auf die Vorteile, die zu ihm und seinem Edelsteinzeichen passen.

3. Frage viele Fragen

Beispiel: „Kannst du dir vorstellen, dass ...?" , „Was meinst du, wenn ...?", „Wie gehst du damit um, wenn ...?"

4. Erzähle Geschichten und/oder erzähle in Bildern

Verpacke das Produkt oder die Idee in einer Geschichte. Was hat das Produkt angestellt, wie glücklich war die andere Person? Warum hat es Freude gemacht?

5. Nutze die Wörter „knapp" und „dringend"

Wenn du eine Veranstaltung planst, ein Produkt vorstellst etc., nutze Wortgruppen wie „Das erste Mal", „Noch nie zuvor da gewesen", „Das erste Mal offeriere ich ...", „Das ist die einzige Möglichkeit ...", „Verpassen Sie das nicht ...", „Es gibt nur wenige davon ..."

6. Zum Handeln auffordern

Sprich die Person direkt an „Willst du das jetzt?" oder sende per Mail eine direkte Handlungsaufforderung, zum Beispiel mit einem Bestellbutton, auf dem steht „Jetzt downloaden" etc. Wir müssen der Person sagen, dass sie *jetzt* handeln soll. Viele Menschen brauchen genau diese Aufforderung.

7. Sei ehrlich

Lüge oder täusche nichts vor. Du willst lange Beziehungen und nicht nur einmalige. Behalte das im Kopf und verhalte dich entsprechend.

8. Jede Werbung sollte individuell erscheinen

Dein Gegenüber ist kein „Stangenprodukt". Zeige die Vorzüge deines Produktes/deiner Dienstleistung speziell auf dein Gegenüber bezogen. Picke das heraus, was sie/ihn wirklich interessiert.

Wie kannst du mit diesem Wissen mehr Umsatz machen? Diesen Punkt betrachten wir im nächsten Kapitel.

Erfolgreich in der Arbeitswelt

Du kannst nicht einfach nur ein Arbeitnehmer sein. Integriere dich bei deinem Arbeitgeber, überlege wie du handeln würdest, wenn es deine eigene Firma wäre. Frage deinen Chef, warum man dies oder jenes auf eine bestimmte Weise handhabt, damit du die Dinge besser verstehst. Denke nicht nur über deine Arbeit nach, betrachte das Ganze. Sei ein wertvoller Mitarbeiter für das Unternehmen.

Deine Bewerbung

Du willst bei einer speziellen Firma arbeiten? Bereite dich vor, indem du in deinem Lebenslauf gezielt Qualifikationen/Stationen aufführst, welche für diese Firma wichtig sein können. Nimm nicht einfach nur deinen Lebenslauf und drucke ihn zahlreich aus, um ihn ohne weitere Beachtung abzusenden. Überlege dir bei jeder Bewerbung: Was sucht diese Firma? Wie muss die Person sein, die Interesse weckt? Frage dich: Passe ich auf diese Stelle? Wenn ja, schildere deine Vorzüge und passe ihre Schilderung auf das Profil der Stellenausschreibung an. Führe nicht langatmig aus, was du in den letzten 10 Jahren gemacht hast, sondern was du der Firma **jetzt** für einen Nutzen bringen kannst und warum dein potenzieller Vorgesetzter dich einstellen sollte.

Vorstellungsgespräch

Wenn du ein Vorstellungsgespräch hast, nutze FAFA. Gib nicht nur Antwort auf die Fragen, sondern stelle dir selbst im Vorfeld einen Fragenkatalog zusammen. Frage die Person, die dich interviewt, seit wann sie dort arbeitet, was ihr gefällt, welche Qualifikationen/Fähigkeiten das Unternehmen sucht, wie die Firma entstanden ist etc. Sei aktiv, teile deinem Gegenüber mit, dass du seine Zeit nicht unnötig beanspruchen willst und lenke auf positive Weise das Gespräch.

Keine Joberfahrung?

Bewerbe dich auch auf Stellen, bei denen du nicht die notwendige Erfahrung besitzt, wenn dich das Unternehmen oder der Job ansprechen. Viele Firmen halten Ausschau nach Personen, die gewillt sind, etwas zu lernen.

Ich war früher dreimal angestellt und alle drei Anstellungen habe ich mir von Herzen gewünscht. Das waren Firmen, bei denen ich fühlte: „Da will ich hin!" Ich höre jetzt noch meine Mutter, wie sie sagte: „Wie willst du das schaffen?" Ich bin gelernte Polymechanikerin und wollte nach meiner Ausbildung in den Aussendienst, um mir Büroarbeiten anzueignen und die Vorzüge eines Firmenwagens zu nutzen.

Zudem gab es einen super Verdienst und Boni, die ich sparen konnte. So ging es weiter. Die Arbeitgeber sahen, dass ich gewillt war, mir das Wissen, das ich für die zukünftige Arbeitsstelle benötigte, in kürzester Zeit selbst anzueignen.

Auch jetzt, aus meiner heutigen Perspektive als Arbeitgeberin, halte ich nur Ausschau nach Menschen, die Feuer haben, Menschen, die wirklich wollen. Ich schaue mir keine Zeugnisse oder anderweitigen Diplome an. Ich weiss, welche Person ich benötige und halte nach diesem Menschen Ausschau. Von zehn Menschen ist meiner Erfahrung nach vielleicht eine Person dabei, die richtig motiviert ist. Deshalb erachte ich es als wichtig, dir zu sagen: Gib alles und setze dich voll ein.

Dein zukünftiger Arbeitgeber wünscht sich motiviertes Personal. Konfrontiere ihn jedoch nicht mit einem Haufen neuer Ideen, Veränderungsvorschläge und Ähnlichem. Das wirkt schnell besserwisserisch und entfaltet womöglich eine negative Wirkung. Zeige dich vielmehr lernbereit. Ein Beispiel: Wenn du die geforderte Fremdsprache nicht oder nicht gut genug beherrschst, zeige Einsatz und versichere, diese in einer angemessenen Zeitspanne zu lernen.

Solltest du trotz aller Bemühungen keine passende Arbeitsstelle finden, denke auch über die Möglichkeit nach, dich selbstständig zu machen. Vielleicht ist gerade jetzt der richtige Zeitpunkt dafür.

Zufriedenheit bei der Arbeit

Achte darauf, dass du bei deiner Arbeit Zufriedenheit verspürst. Das ist der Schlüssel, aus dem, was du hast, das Beste zu machen. Passe deine Einstellung an. Bei jeder Tätigkeit gibt es positive Dinge, auf die du achten und die du ausbauen kannst. Sei zufrieden mit dem was du hast und es wird Besseres zu dir kommen.

Wenn du deinen Job oder Chef nicht magst, hat dies unter Umständen negative Auswirkungen auf deinen nächsten Job. Leistest du gute Arbeit, strahlst Zufriedenheit aus und bist positiv und glücklich eingestellt, nehmen das auch die anderen war. So ergeben sich neue Möglichkeiten. Vielleicht wird eine andere Abteilung auf dich aufmerksam oder ein Kunde möchte, dass du bei ihm anfängst.

Über 90 % der Menschen suchen Zufriedenheit im Job, indem sie abwarten. Das funktioniert in den meisten Fällen nicht. Die Veränderung muss von dir selbst ausgehen. Du hast es in der Hand, das Feuer zu entfachen.

Beeinflusse deine Umgebung

Was denkst du, welche Person wird eher befördert: Derjenige, der mit wenig Energie seine Arbeit verrichtet und nie ein Lächeln zeigt oder derjenige, bei dem man schon beim Eintreten spürt und sieht, dass er Freude an seiner Arbeit hat? Die Ausstrahlung dieser Person ist ansteckend. Sie strahlt Harmonie aus, wodurch sich andere gut und wichtig fühlen.

Dein Job ist nicht nur dazu da, dass du deine Arbeit verrichtest. Nimm die Menschen um dich herum wahr. Interessiere dich für deinen Chef, die Empfangsdame, für das Reinigungspersonal etc. Eine beliebte Person hat es einfacher und die Arbeit macht ihr mehr Spass.

Löse Probleme

Ein Unternehmer sucht nach Lösungen, ein Angestellter reagiert meist nur auf Probleme. Ärgere dich nicht über ein Problem, das gerade entstanden ist, sondern richte dich bewusst auf das Suchen einer Lösung ein. Es bringt niemandem etwas, wenn du dich bei anderen Mitarbeitern beschwerst; du musst selbst aktiv werden.

Es sollte zu deinem Job gehören, Probleme zu lösen anstatt sie abzuschieben oder anderen die Schuld für etwas zu geben. Es ist wichtig, langfristig zu denken –

das muss auch jeder Selbstständige lernen. Er darf nicht beim kleinsten Problem an sich zweifeln oder gar hinschmeissen. Wichtig ist, immer weiterzumachen und Lösungen zu finden.

Steigere deinen Wert

Frage dich jeden Tag: „Wie kann ich heute meinen Wert steigern?" Das kannst du erreichen, indem du dich mit Mitarbeitern, Kunden und deinem Chef unterhältst. Du hast nicht einfach nur eine Arbeit zu tun, du bist ein Partner in einem Team, das die Firma voranbringen möchte.

Identifiziere dich mit dieser Firma, denke immer im Ganzen. Frage deinen Chef, was er von dir erwartet, lerne von ihm, und reflektiere, was du besser machen kannst. Kapsle dich nicht ab, sondern ergreife die Initiative. Warte nicht bis dein Chef dich fragt, wie es dir gefällt. Vorgesetzte haben genügend andere Dinge zu tun, sie freuen sich, wenn ihre **Mit**arbeiter **mit**denken.

Sei kein knurrender Mitarbeiter, der hinter dem Rücken seines Chefs über ihn lästert. Baue eine positive Beziehung zu deinem Vorgesetzten auf. Lass ihn wissen, an welchem Projekt du gerade arbeitest und was du machst, ohne dass dein Chef dich dazu auffordern muss. Das stärkt eure Beziehung und du wirst lieber arbeiten. Im Gegenzug wird er dich mehr schätzen.

Vorgesetzte mögen es nicht, wenn du 11 Stunden am Tag arbeitest und dauernd Überstunden machst. Sie wollen vielmehr wissen, was du tust, womit du dich beschäftigst. Baue eine Freundschaft auf. Du wirst sehen, dass es sich in deinem Lohn widerspiegeln wird.

Dankeskarten

Hast du deinem Chef schon einmal richtig „Danke" gesagt? Danke deinem Chef dafür, dass du in seinem Unternehmen arbeiten kannst. Schick ihm eine nette Weihnachtskarte oder achte auf andere Dinge, die ihm privat wichtig sind. Es ist so einfach, sich anders zu verhalten als die breite Masse und es besser zu machen.

Mit diesen einfachen Methoden kannst du eine enorme Wirkung entfalten. Frage beispielsweise einen deiner Kollegen, was er am Wochenende gemacht hat. Wenn er dir berichtet, sein Sohn hätte ein Tennisturnier gespielt, frage zwei Wochen später nach, ob der Sohn mal wieder ein Spiel hatte. Sei aufmerksam, notiere dir wichtige Aspekte deiner Mitmenschen. Erinnere dich daran, wie das Kind von jemandem heisst, wie alt es ist, was es für Hobbys hat etc.

Übernimm die Arbeit

Von jeder Position aus kann man mehr erreichen. Es ist immer schade, wenn eine Person diese Möglichkeit nicht wahrnimmt. Wenn sich eine Aushilfe super anstellt, motiviert und gewillt ist, Neues zu lernen, wird sie nicht selten auf Basis ihrer Leistung fest angestellt. Lerne, zuerst zu geben, zeige, was du drauf hast. Tritt den Menschen nicht primär mit Forderungen und Erwartungen gegenüber.

Beginne klein und werde grösser. Vielleicht wird dich dein Chef vermitteln, wenn du eine gute Arbeitskraft bist. Jede Person empfiehlt gute Personen weiter. Auch auf diesem Weg kommt man zu befriedigenden Arbeitsstellen.

Jeder verkauft

Egal welchen Beruf du ausübst, in allen Berufen musst du irgendetwas verkaufen. Ob du Arzt, Musiker oder Lehrer bist – jeder verkauft etwas. Die meisten Leute wollen mit dem Wort „Verkaufen" nichts zu tun haben. Wenn sie es hören, zieht sich bei ihnen alles zusammen. Aber es gehört nun einmal zum Leben und wenn man gut darin wird und weiss, wie man sich selbst, seine Leistungen oder Produkte gekonnt präsentiert, läuft alles einfacher.

Sprich mit den Menschen. Sei aufmerksam und bleibe in Erinnerung. Beim Busfahrer, im Supermarkt an der Kasse, und deinen Kollegen gegenüber. Übe dich täglich darin.

Finde Edelsteinzeichen in deiner Geschäftsumgebung

Finde heraus, welche Edelsteinzeichen deinen Kollegen, Kunden und deinem Chef zuzuordnen sind. Erstelle eine Übersicht. Wenn du weisst, dass dein Chef ein Saphir ist, kannst du erkennen, wie du ihn leichter zufriedenstellen kannst. Wenn du seine Sprache sprichst, könnt ihr in Harmonie miteinander arbeiten.

Wenn dein Chef ein Smaragd ist, achte beispielsweise darauf, dass dein Schreibtisch immer aufgeräumt ist. Smaragde mögen es, wenn ihre Umgebung ordentlich ist. Auf diese Weise sammelst du Pluspunkte und das Vertrauen zwischen euch wächst. Wenn du etwas von einer Person möchtest, schreibe auf, welches Edelsteinzeichen er oder sie ist. Schreibe auf, was du willst und ändere deine Anfrage in der Sprache deines Gegenübers.

Spare das Geld der Firma

Denke auch als Angestellter wie ein Unternehmer. Wirf das Geld der Firma nicht zum Fenster raus. Wenn es deine Firma wäre, würdest du dann jeden Tag in einem teuren Restaurant zu Mittag essen? Würdest du das teuerste Menü aussuchen?
Hilf deiner Firma dabei, erfolgreich(er) zu werden, indem du darauf achtest, wo das Geld hinfliesst und für welche Dinge es ausgegeben wird.

Unterstütze bei Verkäufen

Jedes Unternehmen muss verkaufen. Auch wenn du nicht als Verkäufer oder Berater angestellt bist, kannst und solltest du dennoch dabei helfen zu verkaufen. Es beginnt bereits mit der Art und Weise, wie du einen Anruf entgegennimmst. Lerne die jeweilige Person ein wenig kennen; wenn du sie kennst, kannst du sie auch besser beraten.

Was du säst, wirst du ernten. Diesen Spruch kannst du in deinem ganzen Leben in allen Bereichen anwenden. Hilf dem Unternehmen zu wachsen, sprich positiv über das Unternehmen, die Kunden, die Mitarbeiter und die Vorgesetzten.
Stelle anderen Menschen nicht gezielte Fragen, weil du etwas verkaufen willst, sondern weil du dich für die Person interessierst.

Beziehungsmarketing

Frage die Anrufer oder Besucher, wie du ihnen helfen kannst. Frage nicht, **ob** du helfen kannst, sondern **wie** du ihnen weiterhelfen kannst. Sei nett, freundlich und offen. Erkläre dich kurz, wenn du jemanden Verantwortliches holen musst oder es ein paar Minuten länger dauern wird.

Wenn ein Kunde kommt, der einen Termin bei einem deiner Kollegen oder bei deinem Chef hat, sprich positiv über deine Mitarbeiter. Sage dem Kunden, dass er einen ausgezeichneten Berater haben wird und leiste gute Vorarbeit, sodass der Termin deines Kunden positiv beginnt, weil dieser sich auf den Mitarbeiter freut.

Baue Beziehungen auf

Ist dir das auch schon passiert? Ich ging einmal mit meiner Tochter in ein Sportgeschäft, um ein Kickboard zu kaufen. Wir unterhielten uns mit dem Verkäufer, probierten, eine Beziehung zu ihm aufzubauen. Wir waren an ihm interessiert, schauten ihm zu, wie er das Board zusammenschraubte und machten ihm für seine Arbeitsweise Komplimente.

Es war eine angenehme, schöne Situation. Wir freuten uns, waren höflich, bedankten uns und gingen an die Kasse. Beim Eintippen sagte er: „Ah genau, wir haben gerade diese Aktion, sodass ich euch 50.- schenken kann." Was? Einfach so? Ich konnte unser Glück fast nicht glauben, denn ich war angesichts des Kaufpreises unsicher, da mir das Board eigentlich um 50.- zu teuer gewesen war.

Beim Ausprobieren und Zusammenbauen hatte er davon nichts erwähnt. Erst am Ende des Verkaufsgespräches hat er die Aktion angesprochen, und ich wette, wenn wir forsch und unfreundlich gewesen wären, hätte er sie nicht erwähnt. Was sagt uns das? Du weisst nie, was der andere für Möglichkeiten hat. Sei aufrichtig, freundlich und baue eine Beziehung auf. Dann stellen sich Erfolge ein.
Das kann man in wenigen Minuten umsetzen. Wenn du fünf Minuten vor Ladenschliessung in ein Geschäft kommst, sei bereits beim Eintreten aufmerksam. Teile dem Personal mit, dass du weisst, wie spät es ist und du dich beeilen wirst. Auf diese Weise beziehst du die Person mit ein und sie kommt dir bestimmt entgegen.

Fokussiere dich auf deine Arbeit

Viele Arbeiter machen mehreres zur gleichen Zeit. Telefon abnehmen, E-Mails checken, Nachrichten hören, Facebook abrufen, SMS checken – und das alles während der normalen Arbeitszeit.

So kannst du nicht produktiv arbeiten. Es ist wichtig, sich auf etwas zu fokussieren. Du wirst nicht glauben, wie produktiv du sein kannst, wenn dein Fokus passt. Fokussiere dich auf eine Aufgabe und leg alles andere beiseite. In nur einer Stunde kannst du auf diese Weise viel erreichen. Anschliessend fühlst du dich zufriedener und empfindest Freude – das spiegelt sich in deinem Umfeld wider.

Investiere in Schulungen

Investiere in dich selbst. Fortbildungen kann dir niemand nehmen. Du steigerst automatisch deinen Wert, wenn du kontinuierlich in deine Weiterbildung investierst. Werde zu einem Spezialisten in einer bestimmten Sache. Es gibt viele Menschen, die von allem ein bisschen was können. Aber es gibt nicht viele Menschen, die in etwas aussergewöhnlich gut sind.

Bleib daher stets am Ball und bilde dich stetig weiter. Dafür kannst du Schulungen, Trainings oder Kurse nutzen. Es müssen keine Studiengänge sein, sogar von zu Hause aus kannst du an Webschulungen teilnehmen. Das Angebot ist riesig. Auf Youtube sogar viel guten Inhalt gratis.

Finanziere dir deine Weiterbildung eigenständig oder mach in deinem Unternehmen einen Vorschlag, wenn du davon überzeugt bist, dass deine Weiterbildung dem Unternehmen nützen wird. Warte nicht, bis dein Chef auf dich zukommt. Übernimm selbst Verantwortung und bringe Vorschläge ein.

Gehaltserhöhung

Erwarte niemals automatisch eine Gehaltserhöhung. Gehe nicht davon aus, dass du, nur weil du XX Jahre in dem Unternehmen beschäftigt bist, besser entlohnt wirst. Überlege dir gezielt, welchen Mehrwert du dem Unternehmen bieten kannst, welche Erfolge auf dich zurückgehen. Argumentiere nicht mit Sätzen wie, du hättest ein zweites Kind bekommen und würdest jetzt mehr Geld benötigen – das bringt der Firma nichts und schwächt deine Position. Bringe einen Nutzen, einen Wert in das Gespräch ein, dann hast du eine gute Ausgangsbasis und deine Argumente können nicht grundlos entkräftet werden.

Finde den nächsten Job

Nutze das Rapportwesen. Nimm deine Kollegen, Geschäftspartner etc. wahr, höre ihnen zu und stelle Fragen. Finde ihre Interessen und Stärken heraus. Wenn du deine Mitmenschen besser kennst, ergeben sich neue Chancen.

Es gibt viele Menschen, die sich in ihrem Leben kaum bewerben müssen, weil sie von anderen Menschen empfohlen oder von Unternehmen abgeworben werden. Baue dir ein Netzwerk auf, bringe dich ein und leiste eine hervorragende Arbeit. Das fällt positiv auf dich zurück und du wirst gern weiterempfohlen.

Kopiere die Vorgehensweise der anderen

Es gibt in deinem Umfeld einen Mitarbeiter, der in seinem Bereich äusserst erfolgreich ist? Nutze ihn als Vorbild und lerne von ihm. Beobachte und nimm wahr, was er anders macht als du und worin er besser ist. Sieh ihn als Ansporn, nicht als Konkurrenz. Rede und denke nicht schlecht über ihn. Nutze deine Beobachtungen, um nützliche Vorgehens- und Verhaltensweisen zu kopieren und in deinem Bereich anzuwenden.

Wenn du einen Kunden hast, der dir eine Frage stellt, auf die du keine oder keine verkaufsfördernde Antwort hast, halte Ausschau nach einem Verkäufer, bei dem solche Situationen besser funktionieren.

Nehmen wir als Beispiel eine Anzeige in einer Zeitschrift zum Thema „Gewicht abnehmen". Kontaktiere das werbende Unternehmen, fordere dir Informationsmaterial an. Wenn du dieses erhalten hast oder ein persönlicher Kontakt zustande gekommen ist, notiere dir Schritt für Schritt: Wie geht dieses Unternehmen vor? Welche Unterlagen stellt es zur

Verfügung? Welche Antworten auf Nachfragen hast du erhalten?

Kopiere das System, wenn du der Ansicht bist, dass es gut zu deinen eigenen Aktivitäten passt. Du musst nicht das Rad neu erfinden. Wenn eine Person/ein Unternehmen beispielsweise im E-Mail-Marketing erfolgreich ist, trage dich in deren Newsletter ein, studiere ihre Vorgehensweise und nutze deine Erkenntnisse für dein eigenes Unternehmen.

Wir können die tägliche Praxis, die uns umgibt und die nachweislich funktioniert, gezielt für unsere eigene Weiterbildung nutzen. Wenn du von einer erfolgreichen Person/einem erfolgreichen Unternehmen praktisch lernst, ist die Wahrscheinlichkeit bedeutend höher, dass auch du erfolgreich sein wirst.

Nutze einen Leitfaden, ein Skript

Erstelle dir einen perfekten Leitfaden mit Antworten für deine Kunden. Wie gehst du vor, um deinen Kunden das Passende anbieten zu können? Entwerfe einen Ablauf und liste Fragen und Antworten auf.

Ein Beispiel: Wenn ein Kunde dich nach einem Preis fragt und du ohne weitere Nachfragen lediglich den Preis nennst, ist die Kommunikation nach deiner Antwort beendet.

Auf diese Weise baust du keine Beziehung zu deinem Gegenüber auf. Nutze für deine Antwort einen Dialog, den du dir zuvor in deinem Skript entworfen hast. Wie kannst du die Frage beantworten, ohne die Kommunikation im Keim zu ersticken? Wie schaffst du es, eine Beziehung zum Kunden aufzubauen?

Wenn dir selbst die Ideen dazu fehlen, sieh dich um und beobachte andere Verkäufer. Sicher ist irgendwann jemand dabei, der es anders handhabt. Was macht er anders? Kopiere seine Art, mit der jeweiligen Situation umzugehen und probiere in zukünftigen Situationen, diese Vorgehensweise anzuwenden. Suche dir Vorbilder, die das, was du dir wünschst oder erreichen willst, bereits leben und kopiere, was sie tun, um erfolgreich zu sein.

Einzelne Leitfäden hierzu findest du auf unserer Website *www.nadjahorlacher.ch*.

Gib den Menschen was sie wollen

Ob im Verkauf, in der Beratung, in der Praxis oder unter Freunden: Frage die Menschen immer, was sie wollen und gehe darauf ein. Erzähle ihnen nicht, was du willst und preise nicht unvermittelt deine Produkte/Dienstleistungen an. Finde stattdessen heraus, was dein Gegenüber möchte und gib ihm Tipps, wie er/sie genau das erreichen kann.

Wirke unterstützend auf dein Gegenüber ein – auf diese Weise verkaufst du mit Erfolg.

Verkaufe Resultate

Nutze die Erfolge anderer Kunden, die sich durch deine Produkte/Dienstleistungen eingestellt haben. Erziele Resultate und frage konkret nach Feedback, das du zukünftigen Kunden präsentieren kannst.

Du hast noch keine Referenzen oder Resultate?

Schaff dir einen Einstieg und biete beispielsweise ein gratis Coaching an oder ermögliche eine gratis Produktprobe. Suche dir dafür eine Person aus, der du weiterhelfen kannst und die gewillt ist, mit dir zu kooperieren. Bitte die Person darum, ihre Erfahrungen mit deinem Produkt/deiner Dienstleistung zu einem späteren Zeitpunkt als Referenz/Feedback zu Werbezwecken nutzen zu können.

Das Ganze solltest du natürlich nur ausprobieren, wenn du ein Produkt/eine Dienstleistung verkaufst, hinter dem/der du zu 100 % stehen kannst und das/die deinen Kunden eine positive Erfahrung beschert.

Selbstständig – starte, wo du gerade stehst

Wie wird jemand ein erfolgreicher Unternehmer? Indem er loslegt. Überlege nicht zu lange, beginne einfach. Du kannst eine Selbstständigkeit zunächst nebenberuflich starten oder deine Aktivitäten auf das Wochenende legen.

Halte die Fixkosten gering und mache dir bewusst, worin du richtig gut bist. Biete an, was die Menschen suchen.

Betrachte dein Umfeld: Hast du notorische Neinsager in deinem Bekanntenkreis? Menschen, die dir nichts gönnen, alles negativ sehen, sich in deine Belange einmischen und dich entmutigen? Dann ziehe Konsequenzen und umgib dich mit positiven Menschen, die dich in dem, was du vorhast, unterstützen.

Achte auf deine Finanzen. Richtig mit Geld umzugehen, ist in puncto Selbstständigkeit enorm wichtig. Behalte Einnahmen und Ausgaben im Blick, du musst wissen, wie viel Geld du einnimmst und welche Ausgaben du hast. Beurteile ehrlich, welche Ausgaben noch etwas warten können.

Investiere deinen Schweiss. Heisst, investiere deine Zeit, um Kunden zu gewinnen und bekannt zu werden. Halte gratis Referate, gib gratis Kurse, biete gratis Beratungen an. Auf diese Weise bekommst du Übung, sammelst Erfahrungen und knüpfst Kontakte.

Übernimm zunächst jede Aufgabe selbst. Hierbei muss nicht alles perfekt sein, mache einen Schritt nach dem anderen. Hole dir Unterstützung, wenn ein Bereich läuft und baue ihn aus.

Bezahle zuerst deine Mitarbeiter und nicht dich selbst. Ein Unternehmer denkt nicht in Stunden, sondern in Resultaten. Sei kontinuierlich lernbereit: Je mehr du weisst, desto weniger Risiko trägst du und desto weniger kann dir passieren.

Die erfolgreiche Unternehmer-Mentalität

Wenn du dein eigenes Unternehmen startest, opferst du zu Beginn sehr viel Zeit. Der erste Zahltag gehört deinen Mitarbeitern und wenn du einen Gewinn erzielt hast, wird dieser am besten sofort wieder investiert. Übe dich in Geduld – es dauert ein wenig, bis du zu 100 % von deinem Unternehmen leben kannst. Das sollte dir bewusst sein. In dieser Zeit lernst du dafür wahnsinnig viel und kannst vieles bewirken.

Folgende Eigenschaften solltest du mitbringen oder bereit sein, zu erwerben, wenn du ein/eine erfolgreicher/e Unternehmer/in werden möchtest:

Unternehmer ...

- ... warten nicht auf Gelegenheiten, sie erschaffen sie.
- ... warten nicht, bis jemand anderes ein Problem löst, sondern lösen es selbst.
- ... haben keine Angst vor Herausforderungen oder vor Problemen.
- ... leben Resultate orientiert.
- ... finden nicht dauernd Entschuldigungen für etwas.
- ... denken nicht „Das ist nicht mein Job."
- ... überlegen sich immer neue Wege, um ans Ziel zu kommen.
- ... denken im Grossen, haben Visionen und Bilder vor Augen.
- ... motivieren sich selbst.
- ... sitzen nicht stumpf herum.
- ... haben keine Angst, sich die Hände dreckig zu machen.
- ... kennen ihr Geschäft in- und auswendig.
- ... sind aktiv.

Erwirtschafte mehr Geld

In den vorherigen Kapiteln bin ich darauf eingegangen, wie du mit deiner Anziehungskraft, dem Freundschaftsmarketing und durch die

Edelsteinzeichen die Menschen in wenigen Minuten besser einschätzen kannst. Diese Methoden generieren in kurzer Zeit mehr Umsatz. Im nächsten Kapitel erfährst du drei weitere wichtige Wege, um noch mehr Geld in dein Leben zu ziehen.

3 Schritte, um dein Geschäft zum Wachsen zu bringen

Das folgende Beispiel soll dir dazu dienen, zu erfahren, wie du deinen Durchbruch auf dem Weg zum Erfolg schaffen kannst. Der Vorteil der folgenden Schritte liegt darin, dass du sie in jedem Bereich anwenden kannst – privat, beim Date oder im Verkaufsmeeting.

Setze dazu folgende Schritte um:

1. Erhöhe/steigere deine Präsentationen oder die Präsentation deines Produktes.

2. Erhöhe deine Konversion (Kaufinteressenten in einen Käufer wandeln).

3. Erhöhe deine Skalierbarkeit.

Präsentation kommt von „präsentieren". Mache dich, dein Produkt oder deine Dienstleistung sichtbar. Erzähle Menschen von dem, was du zu offerieren hast.

Konversion bedeutet, dass aus einem potenziellen Kaufinteressenten ein Käufer wird, weil die Person den Vorteil deines Produktes/deiner Dienstleistung erfahren oder erlebt hat.

Skalierbarkeit ermöglicht es dir, dein Geschäft zu erweitern und mehr Menschen zu erreichen.

Anhand des folgenden Beispiels kannst du diese drei Schritte nachvollziehen:

Stellen wir uns vor, du hättest ein Date.

1. Als erstes musst du jemanden kennenlernen, mit dem du dich für ein Date verabreden kannst. Das heisst, du musst dich präsentieren, dich zeigen – andere müssen dich wahrnehmen können.

2. Du musst eine Verbindung herstellen. Der andere muss eine Chance haben, dich kennenzulernen.

3. Wenn der Kontakt hergestellt ist und du ein nettes Gespräch aufgebaut hast, frage zum Abschluss: „Gehen wir zusammen etwas essen?"

Schritt 1 – Zeige dein Produkt, deine Idee, deinen Service, dich selbst

Es gibt Hunderte von Ideen, die du anwenden kannst, um diesen Schritt umzusetzen.

Trage Pins, Shirts, nutze Autowerbung, Karten, Flyer, Inserate, Foren, Give-aways, Freebies, erstelle eine Website (oder lass sie erstellen), präsentiere dich in

Journalen, Zeitungen, Magazinen oder lass dich davon inspirieren und nutze Inserate.

Ich nutze unter anderem die Autowerbung. Mein Auto ist mit einer Kokosnuss foliert, wodurch ich leicht mit anderen Menschen ins Gespräch komme, da sie mich darauf ansprechen.

Meine Kleidung ist in den meisten Fällen ebenfalls mit einem Schriftzug oder einer Aufschrift bedruckt. Ich nutze derartige Werbemöglichkeiten aktiv, weil ich die Erfahrung mache, dass ich dadurch viel leichter mit anderen Menschen in Kontakt komme.

Oft hinterlasse ich auch Visitenkarten und Broschüren oder frage, ob ich diese hinterlegen darf. Es gibt unzählige Möglichkeiten, Werbung für die eigene Sache in den Alltag zu integrieren.

Du kannst auch spezielle Freebies (= gratis Geschenke) kreieren und damit Aufmerksamkeit auf dich und deine Produkte ziehen. Verlange jedoch immer einen Gegenwert, zum Beispiel in Form eines Feedbacks, eines Resultates, einer E-Mail-Adresse, der Anmeldung zu deinem Newsletter usw.

Teile dein neues Unternehmen in deinem Bekanntenkreis mit. Rufe die Leute an, versende E-Mails und bitte sie darum, dich weiterzuempfehlen. Biete gratis Behandlungen gegen Feedback an.

Notiere dir deine Möglichkeiten. Erstelle eine Liste von allen Personen, die du kennst, nimm Kontakt auf, nutze dabei FAFA und kultiviere deine Liste.

Knüpfe und pflege Beziehungen und Freundschaften. Behandle deine Freunde gut, sie werden Werbung für dich machen. Dasselbe gilt für deine Familie oder deine späteren Mitarbeiter – pflege diese Kontakte und sie werden zu deinen Werbeträgern.

Erstelle einen Kunden-Avatar. Wie sieht dein Wunschkunde aus? Schreibe alles über ihn auf, je detaillierter, umso besser. Notiere, wie dein Wunschkunde sein soll, wie er aussieht, was er gerne macht, was er nicht mag etc.

Wenn du ein Bild mit Beschreibung von deinem Traumkunden erstellt hast, hänge es auf. Nun schreibe dazu, wo du diesen Kunden findest. Wo könnte er sich aufhalten? Was sind seine Hobbys? In welchen Vereinen oder Gruppen könnte er unterwegs sein? Je mehr du intuitiv über ihn weisst, je mehr du ihn „erschaffst", desto leichter wird es dir fallen, die Orte zu visualisieren, an denen du nach ihm Ausschau halten musst, um ihm deine Produkte anzubieten.

Nutze FAFA

Sammle Geschichten und Feedback. Jede Präsentation benötigt eine Kundengeschichte oder ein Feedback. Sammle Feedback über die Erfahrungen deiner Kunden oder Kaufinteressenten, die sie mit deinem Produkt gemacht haben.

Präsentiere dich immer und pflege deine Präsentation. Höre nie auf, dich selbst und deine Produkte zu präsentieren. Auch wenn du irgendwann viele (Stamm-)Kunden generiert hast, solltest du deine erfolgreiche Präsentation nicht vergessen. Es ist wie in einer Profifussballmannschaft: Stetig muss rekrutiert werden, sonst gibt es die Mannschaft irgendwann nicht mehr.

Schritt 2 – Erhöhe deine Konversion und wandle Kaufinteressenten in Käufer

Wenn du dich präsentiert hast, stelle immer eine abschliessende Frage. Vielen Menschen ist das unangenehm, für deinen Erfolg musst du sie stellen. Frage jedoch nicht „Hast du noch Fragen?" – das ist die schlimmste Variante. Führe immer das Gespräch und zwar mit der Absicht, am Schluss ein Ja oder Nein zu erhalten. Du willst keine Antwort wie „Ich denke darüber nach", du möchtest klare Worte.

Frage daher Folgendes:

1. „Was hat dir von dem, was du gerade gehört/gelesen/gesehen hast, (am besten) gefallen?"

2. Wenn dein Kunde geantwortet hat, frage die nächste Frage: „Super, erzähle mir mehr darüber." Du möchtest erfahren, warum dein Kunde genau diesen oder jenen Aspekt deiner Präsentation gut fand. Auf diese Weise verkauft er sich dein Produkt/deinen Service quasi selbst.

3. Frage den Kunden: „Wo kannst du das Produkt/den Service etc. bei dir einsetzen?"

Erhöhe deine Abschlüsse

Lass für deine Entscheidungen nicht Argumente wie „Die Wirtschaftslage ist gerade schlecht" gelten. Es gibt keine gute oder schlechte Zeit.

Achte auf deine Zahlen, nicht auf dein Gefühl. Führe eine Liste darüber, wie viele Präsentationen du gemacht hast, wie viele Kunden gekauft oder nicht gekauft haben. Fakten erzählen die Wahrheit. Wie viele Leute von 100 haben reagiert?

Verfolge die Einwände

Erstelle Skript-Abläufe für dein Produkt. Muster findest du auf unserer Website.

Schreibe Antworten für mögliche Einwände auf. Wenn der Kunde zum Beispiel sagt: „Ich habe momentan kein Geld dafür", hat er das Gefühl, sein Geld zu verlieren, das heißt, das Produkt ist ihm die Investition nicht wert. Optimiere deine Vorgehensweise, sodass der Kunde dieses Gefühl gar nicht erst bekommt. Schreibe die Einwände der Kunden auf und finde gute Antworten, die du beim nächsten Einwand erwidern kannst.

Lies deine Zahlen

Zahlen lügen nicht. Verlass dich nicht auf dein Gefühl. Ob deine Verkäufe gut laufen oder nicht, ob du dir einredest, in einigen Wochen Umsätze zu machen – manchmal hat man das Gefühl, es liefe überhaupt nicht. Zu anderen Zeiten empfinden wir hingegen Stolz, weil alles so rund läuft.

Schaue dir immer die Zahlen an. Zahlen erzählen die Fakten. Sie können nicht lügen, dich nicht beirren. Es ist wichtig, dass du täglich weisst, wo du stehst.

Schreibe exakt auf, mit welchen Leuten du in deinem Verkaufsprozess Kontakt hattest.

Dann kannst du auch Erfolge und Misserfolge schneller erkennen. Wenn wir mit 100 Personen sprechen und davon kaufen 10 % etwas bei uns ein, ist dies eine Verkaufsabschluss-Quote. Wenn du solche Zahlen kennst, weisst du auch, was zu tun ist. Wir können nicht drei Personen angehen, das reicht nicht. Wenn du auf deiner Verkaufswebsite täglich nur 10 Besucher hast, kannst du dir ausrechnen, wie lange es dauern wird, bis jemand bei dir einkauft.

Bleib am Ball – Follow up

Du hast verkauft, super, Gratulation! Das ist jedoch nicht das Ende, es ist erst der Anfang. Bleibe von nun an mit deinen Kunden in Kontakt. Schreibe ihnen Weihnachtskarten, Geburtstagsgrüsse etc.

Wende die Anziehungskraft an. Erfahre mehr über die jeweilige Person und bilde eine Partnerschaft.

Bringe deine persönliche Note in die Kontakte.

Kultiviere neue Freundschaften.

Gib Empfehlungen ab und sammle Empfehlungen.

Schritt 3 – Erhöhe deine Skalierbarkeit

Wenn du so weit bist, erweitere dein Unternehmen. Bilde Mitarbeiter aus und lehre sie, wie sie anderen etwas beibringen können. Halte nicht an dem Anspruch fest, alles selbst erledigen zu wollen. Wenn du das anstrebst, bist du schnell gefangen in deinem eigenen Geschäft.

Entwickle ein System, wie du dein Unternehmen erweitern kannst. Menschen kannst du nicht duplizieren, Systeme und Abläufe hingegen schon. Dein Team sollte dein Unternehmen in deiner Abwesenheit vollumfänglich führen können. Vermeide, dass alles ausschliesslich mit dir steht und fällt.

Entwickle deine Führungskräfte

Motiviere deine Mitarbeiter. Sie machen indirekt viel Werbung für dich und dein Unternehmen, wenn sie begeistert von ihrem Job und motiviert bei der Sache sind. Motivierte Mitarbeiter tragen ihre Zufriedenheit in ihren Freundes- und Bekanntenkreis weiter. Sie sprechen über ihren erfüllenden Job, andere Menschen werden aufmerksam und fragen genauer nach: „Ach ja, wo arbeitest du denn? Was verkauft ihr dort?"

Dadurch erhält dein Unternehmen eine wirkungsvolle gratis Werbung – die Begeisterung deiner Mitarbeiter steckt an.

Deine Mitarbeiter müssen die Probleme deiner Kunden eigenständig lösen können. Sie müssen in der Lage sein, selbstständige Entscheidungen im Sinne des Unternehmens zu treffen und Probleme für beide Seiten zufriedenstellend zu lösen.

Achte bei der Einstellung eines neuen Mitarbeiters darauf, welchem Edelsteinzeichen er angehört. Ein Saphir eignet sich perfekt für Marketing, währenddessen ein Smaragd gern Dinge niederschreibt und mit Zahlen umgeht, weshalb er im Bereich der Administration oder Buchhaltung gut aufgehoben ist.

Nicht jedes Feld eignet sich für jeden Menschen. Wähle daher bewusst aus, so ersparst du dir Konflikte und ebnest den Weg zum Erfolg.

Indem du bewusst die Edelsteinzeichen nutzt, motivierst du automatisch deine Mitarbeiter, weil du in ihnen das Beste zum Vorschein bringst und jedem Einzelnen die Aufgabe zuteilst, die er seinen natürlichen Anlagen nach am besten erfüllen kann.

Erschaffe dir ein gutes Team. Es wird auch mal Phasen geben, in denen dein Unternehmen härtere Zeiten überstehen muss. Mit einem guten Team an deiner Seite, das sich vertraut und zueinander steht, bewältigt ihr gemeinsam auch solche Episoden.

Als Führungskraft müssen Sie den Wunsch in sich spüren, ein Anführer zu sein. Sie müssen den Wunsch hegen, in sich selbst zu investieren. Sie müssen Geld einsetzen und sich kontinuierlich weiterbilden wollen. Sie müssen lernen, Mitarbeiter zu motivieren. Sie brauchen eine Vision, die sie mit Ihren Mitarbeitern teilen können.

Bonus

Setze Boni immer basierend auf Resultaten ein. Orientiere dich dabei an jedem einzelnen Mitarbeiter, nicht am Gesamtumsatz.

Was hat jeder Einzelne geleistet? Welche Resultate konnte jedes Teammitglied erzielen?

Ein Beispiel: Ein Teammitglied empfiehlt dein Unternehmen erfolgreich weiter – du bekommst einen neuen Kunden, dein Mitarbeiter erhält einen Bonus.

Bediene dich dem Outsourcing und gib Aufgaben ab. Dabei kann es sich um Arbeiten handeln, die dir selbst nicht so gut liegen, ebenso können deine Mitarbeiter für dich einen Weiterbildungskurs absolvieren, der deinem Unternehmen zugute kommt.

Deine Zeit musst du im Griff haben

Wenn du ein erfolgreiches Unternehmen aufbauen möchtest, musst du lernen, gut mit deiner Zeit umzugehen. Wir haben täglich nur eine gewisse Anzahl von Stunden zur Verfügung, daher sollten diese bestens eingeteilt und genutzt werden. Ein erfolgreicher Geschäftsmann erstellte für den Erfolg einmal diese Zeiteinteilung:

Nutze 80 % deiner Zeit für neue Geschäfte.
Widme 19 % deiner Zeit der Kultivierung deiner Geschäfte.
Nutze 1 % deiner Zeit, um Probleme zu lösen.

Als Beispiel: Nutze 80 % deiner Zeit, um neue Kunden zu gewinnen. 19 % deiner Zeit investierst du, um mit den Kunden in Kontakt zu bleiben und nur in 1 % deiner Zeit beschäftigst du dich mit Problemfällen.

Die meisten Unternehmer beschäftigen sich zu viel mit den Problemen. Setze deine kostbare Zeit nicht überwiegend dafür ein, Probleme zu lösen. Bist du nur damit beschäftigt, hast du keine Zeit für neue Geschäfte.

Mache fortlaufend Werbung, bleibe am Ball, pflege den Kontakt zu deinen Kunden und bemühe dich, neue Kunden zu akquirieren.

Werde zum Profi: Trainiere täglich deine unternehmerischen Fähigkeiten, zeige dich, wandle um und schliesse Verkäufe ab.

Deine persönliche finanzielle Einstellung (Ansicht)

Wie abhängig bist du vom Geld?

Lebst du in einem schön eingerichteten Haus, oder einer tollen Wohnung und gibst Geld für Dekorationen und Einrichtungsgegenstände aus? Denke in dem Fall einmal darüber nach, warum du das tust? Warum möchten wir ein schönes, hochwertig eingerichtetes Zuhause? Was bringt uns das wirklich und warum streben wir das an? Möglicherweise, um andere Menschen zu beeindrucken, ihnen zu imponieren? Um zu zeigen, was wir alles erreicht haben und uns leisten können? Oder, weil es eine gesellschaftliche Norm ist und es alle anderen auch so handhaben?

Ich kann nur von meiner Familie berichten: Bei uns ist es nicht so. Wir fühlen uns wohl, wenn wir barfuss herumlaufen können, wenn wir keinen gesellschaftlichen Druck haben. Für unsere Kinder spielt es keine Rolle, von welchem Hersteller das Sofa ist oder wie gross ein Wohnzimmer sein sollte. Wir kultivieren andere Werte. Wir fragen uns: Warum diesem Stress aussetzen, immer mehr, immer Schöneres oder Teureres zu wollen?

Mit dieser Einstellung, dass wir perfekt eingerichtet sein müssen, macht uns nur abhängiger von materiellen Dingen. Wir benötigen irgendwann mehr Einkommen, um uns unsere Ansprüche leisten zu können – ein Teufelskreis entsteht, aus dem wir immer schwerer wieder herausfinden. Wir verdienen mehr und schaffen ein zweites Auto an, ersetzen das bisherige Auto durch ein grösseres, teureres Modell, was im Gegenzug höhere Kosten bedeutet. Am Ende geben wir immer wieder so viel aus, wie wir eingenommen haben. Sind wir am Schluss glücklicher damit? Ist das ein Erfolg?

Nicht wirklich. Sind wir dadurch nicht eindeutig abhängiger– abhängiger von materiellen Dingen?

Was macht uns glücklicher? Materielle Dinge, Reichtum? Wenn du auf diese Weise mehr verdienst, wirst du nie einen glücklichen Reichtum etablieren. Du bist immer gefangen, ein armer Gefangener des Geldes. Du arbeitest immer härter, um dir immer mehr leisten zu können, verschuldest dich zunehmend und gehst innerlich dabei kaputt.

Welche Verpflichtungen hast du und wie sind diese entstanden? Wir sind nicht gemacht für die Armut, jeder von uns kann Reichtum erleben und geniessen. Jedoch nicht, indem wir immer mehr Materielles anhäufen wollen – dieser Weg führt in die Irre.

Gehe sinnvoll mit deinem Geld um. Bringe dies auch in frühen Jahren deinen Kindern bei. Aus diesem Gedanken heraus ist beispielsweise mein früheres Programm „Erfolgreich Erziehen und Aufwachsen" entstanden. Vielleicht kann es für dich ein interessanter Anreiz sein.

Der Wunsch nach finanzieller Freiheit

Es zeugt von einem Armutsdenken, wenn du meinst, du könntest nicht zu den Reichen gehören. Auch du kannst es schaffen, finanziell frei zu sein. Du musst lediglich dein Denkmuster ein wenig ändern. Vermutlich bist du mit deinen jetzigen Denk- und Glaubensmustern gross geworden, hast diese von deinen Eltern übernommen. Daran ist nichts Schlimmes, das ergeht uns allen so. Es geht auch nicht um die Frage der Schuld und es trägt auch niemand die Schuld daran, dass du so denkst wie du denkst. Wir alle durchlaufen einen Lern- und Wachstumsprozess, auch unsere Eltern und Vorbilder.

Du hast es heute, jetzt in diesem Moment, in der Hand, dein Leben zu ändern.

Egal, wie viel du verdienst, wenn du denkst „Ach, mit meinem kleinen Gehalt kann ich ohnehin nichts sparen", dann funktioniert es auch nicht.

Gehe sorgfältig mit dem Geld um, das dir zur Verfügung steht. Behalte den Satz „Vom Kleinen zum Grossen" im Hinterkopf. Wenn du mit wenig Geld umgehen kannst, wird mehr Geld zu dir kommen. Wenn du mit mehr Geld gut umgehst, folgt noch mehr Geld. Umgekehrt funktioniert es nicht. Du kannst nicht dein Geld wahllos zum Fenster hinausschmeissen und gleichzeitig hoffen/erwarten, dass du mehr Geld erhältst.

Stelle den Gedanken „Wenn ich mehr Geld habe, kann ich auch mehr tun, mir mehr leisten, mehr bewegen, es besser machen" ab.

Ich will nicht, dass du abhängig vom Geld bist. Jeder von uns will sich glücklich und frei fühlen. Das kannst du nicht, wenn du noch mehr auf Raten kaufst, noch mehr für materielle Dinge, die du nicht brauchst, ausgibst, nur um deine Gier zu befriedigen.

Stelle dir vor, du würdest arbeitslos werden und hättest nichts mehr auf deinem Konto. Diese Vorstellung löst kein angenehmes Gefühl aus. Wahrscheinlich schnürt es dir die Kehle zu und blockiert alles in dir. Wie würdest du dich stattdessen fühlen, wenn du dir in guten Zeiten etwas angespart hättest? Wenn du so viel Geld gespart hättest, dass du notfalls gut sechs Monate von deinem Ersparten leben könntest?

Der Gedanke gibt dir doch gleich ein besseres Gefühl, oder? Du hättest genug Zeit, dir einen neuen Job zu suchen, einen Job, der gut zu dir passt, und wärst nicht darauf angewiesen, das erstbeste Angebot anzunehmen. Du hättest einen gewissen Handlungsspielraum, was dir ein Gefühl von Freiheit geben würde.

Erst, wenn du ein solches Polster angespart hast, solltest du dir Luxusartikel anschaffen, die zum Überleben nicht zwangsläufig notwendig sind. Doch auch dann würde ich sorgfältig überlegen: Brauche ich dieses oder jenes unbedingt? Oder spare ich lieber weiter, um meine Freiheit auszubauen?

Wir können selbst entscheiden, für was wir unser Geld einsetzen. Es ist einfach, jeden Tag 50.- auszugeben. Es ist aber genauso einfach, sie zu sparen, anstatt sie in Dinge zu investieren, die wir nicht benötigen.

Das Gefühl der Freiheit

Nichts kann das Gefühl ersetzen, finanziell unabhängig zu sein und sich frei zu fühlen. Das Gefühl, alle Schulden abbezahlt zu haben und niemandem irgendetwas schuldig zu sein, verleiht dir wahre Freiheit.

Wo würden wir stehen, wie würden wir leben, wenn wir keine Kreditkarten hätten und es kein System gäbe, in dem wir Dinge auf Raten kaufen können?

Wir würden leben wie die Menschen in den 1950er-Jahren. Damals gab es noch keine Kreditkarten und keine Möglichkeiten, auf Pump zu leben. Wir hätten mehr Ruhe, weniger Stress und vermutlich eine bessere Gesundheit.

Wir hätten weniger Schmerzen, glücklichere Beziehungen und weniger Trennungen. Unsere Kinder wären erfolgreicher. Vielleicht hätten wir sogar weniger Kinder die schon als Teenager schwanger werden, hätten im Gegenzug aber Eltern, die noch Zeit haben, sich um ihre Kinder zu kümmern. Es wäre weniger wie heute, wo viele Eltern ihre Kinder mehr und mehr sich selbst überlassen (müssen), weil sie im Dauerstress sind, ihren Lebensunterhalt sicherstellen und Schulden abzahlen müssen.

Du würdest bedeutend mehr Geld sparen können. Du hättest Geld, das du investieren könntest. Du würdest alles in bar bezahlen können. Du hättest Geld, das du in Langzeitprojekte investieren könntest wie zum Beispiel in Immobilien, Aktien, Edelmetalle und Unternehmungen.

Du hättest Geld, um deine Mitarbeiter gut bezahlen zu können, könntest mehr spenden, mehr für andere tun, oder sogar deine eigene Hilfsorganisation ins Leben rufen.

In der Realität geben die meisten von uns ihr Geld für Blödsinn aus. Irgendwann sind sie im Hamsterrad gefangen und kommen nur noch schwer wieder heraus. Schau dir deine Finanzen sehr genau an, und prüfe, was du optimieren kannst, um für dich, deine Familie und die nachfolgenden Generationen etwas Positives zu erschaffen.

Sinnvoll oder sinnlos Geld ausgeben

Es gibt einen grossen Unterschied, wie du dein Geld ausgibst, ob du es sinnvoll einsetzt oder für sinnlose Sachen verschwendest.

Wahrscheinlich verdienst du jetzt mehr als zu Teenager-Zeiten. Aber hast du auch mehr auf der Seite? Du verdienst zwar mehr, aber hast vermutlich auch mehr Schulden? Wo geht dein Geld hin? Schau dir diesen Punkt genau an. Jeden Betrag, den du einnimmst, solltest du ganz bewusst ausgeben oder investieren. Setze ihn nicht leichtsinnig ein. Geld sinnvoll einzusetzen, ist ein enormer Samen für uns – es kann sehr viel daraus wachsen.

Wenn die Menschen ihr hart verdientes Geld für neue TV-Geräte, die neuesten Handys, teure Klamotten oder für Fast Food ausgeben, kommt selten etwas retour.

Viele leben nur noch von Zahltag zu Zahltag, warten ab dem 25. des Monats sehnsüchtig auf den nächsten Geldbetrag. Was ist das für ein Gefühl? Ist das Freiheit? Ich wünsche mir, dass du dieses Zahltag-Denken überwindest.

Brauchen wir tatsächlich so viele Dinge? Ich glaube, heute vergessen viele Menschen zu leben. Viele haben kein Leben mehr, weil sie nur noch gestresst herumrennen. Die Werbung leistet gute Dienste, sie verkauft uns allerhand Dinge, von denen wir meinen, wir bräuchten sie. Sie bringt in uns etwas zum Entflammen, das uns dazu verleitet, anzunehmen: „Ja, dieses oder jenes brauche ich genau jetzt!" Daraus erwächst das Verlangen, noch mehr haben zu wollen– kurze Zeit später ist das Objekt der Begierde bereits ein anderes.

Dasselbe gilt im Bereich der Lebensmittel. Müssen wir 100.- und mehr jede Woche dafür ausgeben? Muss alles Bio und organisch sein? Kann sich ein Obdachloser diese Frage überhaupt stellen? Die Frage, ob Bio oder nicht, stellst du dir, weil du genügend Geld hast. Hast du das nicht, bist du einfach nur glücklich, dass du dir Gemüse kaufen kannst. Dieses Umdenken, herauszufinden, was lediglich unsere Grundbedürfnisse deckt und was bereits Luxus ist, muss in dir selbst geschehen.

Wir meinen oft, ein TV-Gerät, Bio-Lebensmittel, Ferien, Computer und neue Kleidung seien Grundbedürfnisse. Nein, das ist vollkommenes falsches Denken. Das sind eindeutig Luxus-Güter. Dinge, die wir uns leisten können, wenn wir genügend Geld haben. Das heisst, wenn wir bereits Angespartes haben und dieses anlegen oder auf die Seite legen konnten.

Wir geben zu viel Geld aus, Geld, was einfach nur rausgeht und nicht wieder zurückkommt. Wir verdienen es, geben es für Konsumgüter aus und müssen es anschliessend wieder neu verdienen. So werden wir immer abhängig von irgendeinem Zahltag sein.

Durchbreche diesen Kreislauf. Wir bringen bereits unseren Kindern bei, wie sie damit umgehen müssen, wenn sie meinen, sie bräuchten etwas Bestimmtes unbedingt. Dieses Verlangen kann man kontrollieren. Es ist wie ein Muskel, der trainiert werden kann. Mit genug „Training" verspürt man dieses Konsum-Verlangen irgendwann nicht mehr.

Auto-Leasing

Wie denkst du über die Anschaffung deines Autos? Ist es für dich eine Investition oder eine Verpflichtung? Ganz klar, ein Auto ist eine Verpflichtung.

Ein Auto frisst Geld, es gibt dir mit der Zeit keinen höheren Wert zurück, im Gegenteil. Kaufst du dir ein neues Auto, fährst du 10 Kilometer damit und der Wert fällt bereits. Früher mussten wir zunächst Geld sparen, um uns ein Auto leisten zu können.

Irgendwann sind clevere Personen auf die Idee gekommen, Geld damit zu verdienen, Menschen, die nichts angespart haben, ein Auto per Leasing-Vertrag zu ermöglichen.

Eine durchschlagende Idee, die sofort gut ankam. Herrlich, wenn man nicht mehr Monate oder Jahre mit Warten verbringen muss, bis man sich ein Auto kaufen kann. Und was sind schon 300.- mehr im Monat?

So denken viele Menschen. Was das aber heisst, wenn wir mehr und mehr in dieses Hamsterrad gedrängt werden, nehmen die wenigsten von uns wahr. Dass wir selbst daran Schuld sind, weil wir uns selbst in diese Misere bringen. Bei Leasing-Verträgen ist es nicht nur die monatliche Rate für das Auto, die wir bezahlen müssen. Es kommen Kosten für das Ausleihen des Geldes und Kreditzinsen, die der Geber des Geldes von uns erhält, hinzu.

Mit einem Leasing-Vertrag rutschst du wieder einen Schritt tiefer in die Abhängigkeit hinein. Du bist gezwungen, das Geld für das Leasing zu verdienen, sonst nimmt es mit den Schulden schnell Überhand.

Ein Leasing-Vertrag ist oft nur der Einstieg. Einmal diese Hürde auf dich genommen, kommst du schnell in Versuchung, ein noch grösseres, teureres Auto zu leasen. Damit steigen wiederum die monatlichen Kosten an. Die Autovermietungen wissen hier sehr genau, was sie tun, und wie sie uns stetig mehr Geld entlocken.

Die Illusion von Reichtum

So leben nun viele Menschen vor sich hin. Jeder sieht beim anderen nur die äussere Fassade. Tolles Auto, schöne Kleidung, beeindruckende Inneneinrichtung, schönes Wohnen, Coiffeur und Kosmetikbehandlungen. Jeder spielt dem anderen etwas vor. Ist das Reichtum? All das verdiente Geld gleich wieder auszugeben, nichts gesät zu haben, was uns wieder Geld zurückbringt?

Wo ist dein Geld der letzten fünf Jahre geblieben? Hast du es für derartige Konsumgüter ausgegeben? Die übrigen 10 %, die sparen und anlegen, wissen genau, wofür sie ihr hart verdientes Geld eingesetzt haben.

Du benötigst nicht noch mehr Geld. Solange du den Kreislauf nicht verstehst, wirst du dein Geld immer wieder in Dinge investieren, die dich noch mehr abhängig machen.

Unter den 10 % gibt es viele Menschen, die weniger verdienen als du, die aber gleichzeitig wohlhabender sind. Sie wussten, wie sie ihr Geld einsetzen müssen. Genau das möchte ich dir mit diesem Buch näherbringen und dein Umdenken anregen – damit du den wirklichen Reichtum kennenlernst.

Deine persönliche finanzielle Lage

Bist du bereit, deine finanzielle Lage detailliert zu analysieren? Willst du genau wissen, was mit deinem Geld passiert? Ich kann dich gerade vor mir sehen. Bist du dabei deine Augen zu verschliessen? Im Sinne von; Das möchte ich lieber nicht wissen? Da müssen wir beide nun durch. Damit du erfolgreich sein kannst, musst du deine Finanzen kennen. Setzet dich ehrlich damit auseinander. Am Ende wirst du sehr dankbar sein. Es braucht ein wenig Zeit, bitte nimm sie dir.

Fülle bitte hier diese zwei Angaben aus:

Wie viel verdienst du total pro Monat:

_____

Wie viel Geld gibst du im Monat aus:

_____

Nun werden wir herausfinden, wofür du dein Geld ausgegeben hast.

Hier eine kleine, einfache Auflistung der Ausgabe-Artikel:

(ein A4 Ausgaben-Formular zum Ausdrucken, findest du auf www.nadjahorlacher.ch)

Notwendige Ausgaben:

Wohnung/Haus: _____
Versicherungen: _____
Lebensmittel: _____
Telefon: _____
Transportmittel: _____
Kleidung: _____
Reinigung: _____

Luxus-Ausgaben:

Wir haben vergessen, was Luxusartikel sind. Wir meinen, ein teures Auto sei Luxus, derweil ist schon ein Auto an sich Luxus. Die folgenden aufgelisteten Artikel sind nicht dazu da, um unsere Grundbedürfnisse zu decken, sie sind Luxus pur:

Autos, Fitnesscenter, Unterhaltung, Restaurantbesuche, Shopping, Computer, elektronische Kleingeräte, Zeitschriften, Kaffee-Shop-Besuche, Handy, Geschenke, Fernseher, Spielkonsolen,

Süsswassergetränke, Haustiere, Sportartikel, Kaffeemaschine ...

Diese Dinge sind in der Regel Luxusartikel. Dinge, die wir nicht zum Überleben benötigen. Alles das, was wir uns zusätzlich wünschen, brauchen wir nicht wirklich. Mache dir das bewusst. Deine Kaffeemaschine, deine Dekorationen im Haus, das Kickboard der Kinder etc., sind alles Dinge, die wir uns leisten, wenn wir genügend Geld haben. Wir können uns diese Dinge nicht leisten, wenn wir unsere Grundbedürfnisse nicht decken können.
Denk nun im Detail darüber nach, wofür du dein Geld ausgibst. Welche Bereiche überwiegen? Gibst du den überwiegenden Teil deines Geldes für die notwendigen Dinge oder für die Luxusartikel aus?

Wenn du mehr Geld sparen möchtest, schreibe dir heraus, wo genau du sparen könntest. Dafür musst du wissen, in welche Bereiche dein Geld fliesst.

Am einfachsten gehst du so vor:

Drucke dir einen Bankauszug vom letzten Monat aus. Schreibe alle einzelnen Ausgaben in eine Liste, zum Beispiel:
900.-   Miete
70.-   Restaurant
35.-   Schuhe für Ausgang
15.-   Bäcker

Danach markierst du jeden einzelnen Artikel mit folgenden Farben:

- Gelb – Nahrungsmittel
- Pink – Kredite/Darlehen/Leasing
- Blau – Unterhalt (Miete etc.)
- Violett – Transportkosten (Billette, Benzin etc.)
- Orange – alle anderen Ausgaben (Luxus-Ausgaben)

Wenn du Geld vom Automaten abgehoben hast und nicht mehr weisst, wofür du dieses Geld ausgegeben hast, markiere es als Luxus-Ausgabe, also mit Orange.

Nun summierst du in jeder Kategorie die Beträge zusammen, damit du siehst, was du pro Monat in welchem Bereich ausgegeben hast.

Schauen wir uns die Lebensmittel detaillierter an:

Richte dir die Bankauszüge der letzten drei Monate.

Nimm dir drei Leuchtstifte zur Hand:

- Gelb – Lebensmittelgeschäft
- Blau – Auswärts essen/trinken
- Grün – andere Lebensmittel-Ausgaben

Markiere alles, was mit Lebensmitteln zu tun hat. Addiere die Gesamtsumme jeder einzelnen Kategorie zusammen. Nun siehst du, wie viel Geld du jeden Monat in einem Lebensmittelgeschäft, im Restaurant oder bei sonstigen Gelegenheiten ausgegeben hast.

Dies ist ein Auszug aus meinem anderen Ratgeber „Geld sparen im Alltag – #1 Ernährung". Darin findest du viele Spartipps für den Alltag in puncto Lebensmittel und Ideen, wie du mit wenig Geld abwechslungsreiche, gesunde Gerichte zubereitest.

Schulden

Mittlerweile hast du einen Überblick darüber gewonnen, was notwendige Ausgaben sind und welche Bereiche den Luxus-Ausgaben zugeordnet werden können.

Was ist mit Schulden? Auch in diesem Bereich gibt es „gute Schulden" und „schlechte Schulden".

Musstest du schon Schulden machen? Aus welchem Grund? Schreibe dir dies auf. Hast du für einen Luxusartikel einen Kredit aufgenommen, bezahlst du deine Küchenmaschine in Raten ab? Oder leistest du dir ein Auto per Leasing-Vertrag? Letzteres sind Schulden, die nicht notwendig sind, da es sich nicht um lebenswichtige Dinge handelt.

Bist du abhängig von materiellen Dingen? Waren dies spontane Einkäufe? Was davon brauchst du wirklich?

Wenn du dein gesamtes Geld Monat für Monat für derartige Artikel ausgibst, hast du nichts mehr übrig, was du ansparen oder sinnvoll anlegen kannst. Du verschlingst alle deine Samen eigenhändig. Aus jedem Samen kann etwas Neues wachsen. Du nimmst dir mit diesem Handeln die Chance, dein Geld so anzulegen, dass es für dich arbeitet.

Wie gehen wir nun am besten mit Schulden um?

7 Schritte, um deine Schulden abzuzahlen

Zu Beginn dieses Buches habe ich gesagt, du wirst im Verlaufe des Textes lernen, wie du zu Reichtum kommst.

In diesem Kapitel geht es darum, wie du lernst, dein Geld zu behalten. Über 90 % der Menschen können das nicht, du bist kein Einzelfall. Aber jeder kann es lernen und für dich geht es jetzt los. Du wirst es schaffen, aus der Schuldenfalle herauszukommen und finanziell frei zu werden.

Die nächsten Informationen und Aufgaben stammen aus meinem Workshop „Raus aus den Schulden".

1. Liste dein Einkommen auf

Zuerst brauchst du eine Übersicht.

Schreibe auf, (Vorlage auf www.NadjaHorlacher) was du in den letzten fünf Jahren verdient hast, inklusive Boni, Zusatzeinkommen, Gewinnen, Geschenken etc.

Was kam zusammen? Schau, dass du auf eine Zahl kommst, zum Beispiel 250.000.-

2. Finde heraus, wie viel Geld du behalten konntest

Wie viel konntest du sparen? Was sagt dein Kontostand heute? Bist du auf 0 oder im Minus?

3. Wo ging dein Geld hin?

Was ist mit all dem Geld passiert, das du eingenommen hast? Was hast du davon gekauft?

Wahrscheinlich hast du es für dein Haus, dein Auto, Computer, Motorrad, TV, Fahrräder, Sportartikel, Fun-Artikel, technische Gadgets, Ausgang etc. ausgegeben.

Wo floss dein Geld ausserdem hin? Vielleicht in zahlreiche verschiedene Werkzeuge, in verschiedene Reinigungsartikel im Vorratsschrank, in mehrere Frühstückspackungen mit unterschiedlichen Geschmacksrichtungen? Wahrscheinlich lässt sich diese Aufzählung beliebig fortsetzen und du erkennst, dass du viel Geld für Dinge ausgegeben hast, die du zwar nicht benötigst, dir aber geleistet hast, weil dir das Geld dafür zur Verfügung stand.

Nimm dir eine Woche oder einen Monat lang Zeit und liste jede einzelne Ausgabe auf. Dies kannst du in Excel erledigen, mithilfe einer App oder einfach auf

Papier. Schreibe jede Ausgabe in deine Liste, vom Kaffee bis zum Brötchen.

Auf diese Weise kannst du genau herausfinden, wohin dein Geld fliesst. Aus dieser Liste kannst du später eine Zusammenstellung entwickeln, die dir hilft, das Ganze besser zu überblicken.

Luxusartikel oder Grundartikel

Über 90 % der Menschen geben ihr Geld für nicht benötigte Dinge aus, die anderen
10 % geben ihr Geld aus, um einen neuen Wert zu generieren.

Wenn du bereits finanziell unabhängig bist, kannst du natürlich zwei Ferraris besitzen. Aber eben erst dann. Das heisst nicht automatisch, dass du viel Einkommen haben musst. Der wichtigste Punkt ist: Wofür gibst du dein Geld aus?

Bei den unnötigen Dingen kommt meistens ein recht hoher Betrag zusammen. Wenn du für ein paar Jahre darauf achtest, kannst du super sparen und anschliessend gut überlegen, wie du dein Erspartes einsetzen wirst. Es sollte nichts sein, was wiederum nur Geld kostet, das heisst, keine neue Verpflichtung, wie zum Beispiel ein Auto, ein Haus etc.

Du kannst ein Haus oder ein Auto kaufen und anschliessend vermieten.

So kommt wieder Geld retour und fliesst deinem Ersparten zu. Investiere dein Geld weise, und du wirst in ein paar Jahren glücklich davon leben können.

Wenn du zudem nicht täglich den Schnäppchen nachspringst, hast du mehr freie Zeit zur Verfügung, dein Alltag wird stressfreier, du musst weniger aufräumen und entsorgen und es gibt weniger Streit in der Familie.

Ende des Monats geht oft das Gejammere los: „Oh, diese Rechnungen!" Was sind es meistens für Rechnungen? Es betrifft Dinge, die du einmal haben wolltest.

Wie z.B. ein Auto, das braucht nun mal zwischendurch einen Service, neue Pneus, eine neue Batterie etc.. Das sind kalkulierbare Dinge, wir wissen wenn wir uns ein Auto anschaffen, müssen wir mit diesen Folgekosten rechnen. Jedes Besitztum kostet dich Unterhalt.

Du hast Krankenkassenabrechnungen? Überlege dir, warum du zum Arzt gegangen bist. Mit einer Erkältung musst du keinen Arzt aufsuchen. Jeder Besuch ist mit Kosten verbunden. Überlege dir jeden Schritt im Voraus. Was zieht es nach sich, wenn du dieses oder jenes tust – was kostet es?

Versuche deine Finanzen in den Griff zu bekommen. Wenn du Schulden hast, erstelle einen Plan, wie du diese monatlich abbezahlst. Kaufe nichts Neues, solange du noch verschuldet bist. Geh nicht auf Shoppingtour, kauf nicht aus Langeweile am Samstag ein. Bleib zu Hause, bilde dich weiter, lies nützliche Lektüre. Nutze deine gewonnene Zeit um neues zu erstellen. Schreibe ein eBook, verkaufe Dinge auf ebay, verbringe Zeit mit deinen Liebsten, gehe Fahrrad fahren, besichtige deine nächstgelegene Stadt, hilf deinem Nachbarn im Garten. Es gibt vieles was wir erledigen können in der gewonnen freien Zeit, welche uns nichts kosten.

Mit Geld erfolgreich auszukommen, heisst nicht zuletzt, sich selbst gut im Griff zu haben. Daher ist es wichtig, das auch seinen Kindern weiterzugeben. Es ist ein stetiges Üben und bekanntlich macht Übung den Meister.
Wenn Kinder Geld gegenüber mit einem Wertschätzungsgedanken aufwachsen, fällt es ihnen später im Erwachsenenleben leichter, sinnvoll und sorgfältig mit ihrem Geld umzugehen.

Wenn wir jedoch jeden Samstag mit unserem Kind Shoppen gehen, oder dies als Zeitvertreib betreiben, sind wir ein negatives Vorbild. Willst du derartiges tatsächlich an die nachfolgende Generation weitergeben?

Kauf nicht alles, was du dir gerade wünschst.

Mach statt eines Einkaufsbummels mal etwas anderes – was wir in den Geschäften oder in der Werbung nicht sehen, kennen wir auch nicht und wollen wir folglich auch nicht haben. Wähle TV-Sender ohne Werbung, dann kommt das Konsumverlangen gar nicht erst auf.

Wir lassen uns viel zu schnell von den Verlockungen der Werbung verführen. Geh am besten einmal in der Woche mit einer Liste einkaufen, folge strikt deiner Liste und lass dich von den umgebenden Sachen nicht davon abbringen. Geh auch nie mit einem hungrigen Gefühl einkaufen – meistens kaufst du mehr als du benötigst. Lass dich auch nicht von irgendwelchen Aktionen zum Kauf verleiten. Mehr dazu kannst du in meinem Ratgeber „Geld Sparen im Alltag" erfahren. Darin zeige ich dir, wie du herausfindest, wo dein Geld hinfliesst und wie du finanziell unabhängig wirst.

Starte dein neues Leben, indem du damit aufhörst, dein Geld unsinnig auszugeben. Du hast Geld – du gibst es nur für die falschen Dinge aus.

Wenn du bewusster mit deinem Geld umgehst, wirst du Geld sparen, abnehmen und freie Zeit übrig haben. Cool, oder?

4. Stoppe das Unnötige

Erstelle nun eine Liste mit den Dingen, die wirklich notwendig sind. Notiere das absolute Minimum, welches du zum Überleben brauchst – Wohnen, Transport und Nahrung.

Trage hier das absolut Notwendige ein:

Miete/Hypothek: _____
Strom: _____
Krankenkasse: _____
Telefon: _____
Auto: _____
Öffentliche Verkehrsmittel: _____
Schule: _____
Verpflegung: _____
Internet: _____

Achte akribisch darauf, nur das Notwendige aufzuschreiben. Für eine 5-köpfige Familie reichen 100.- pro Woche für die Lebensmittel, wenn wir kontrollieren, was wir essen, und wir alles aufessen und nichts wegwerfen.

Bei uns zu Hause handhaben wir es so: Wir gehen maximal einmal pro Woche einkaufen. Bevor wir wieder einkaufen gehen, wird alles Vorhandene aufgegessen. Wir planen unsere Gerichte, erstellen

Pläne und kaufen nur die Zutaten ein, die auf der Liste stehen.

Wenn du sparen möchtest oder Schulden abbezahlen willst, musst du mit deinen Ausgaben knallhart umgehen. Da gibt es keine Extras.

Warum ist dein Kleiderschrank voll mit Klamotten? Dein Keller voll mit Lebensmitteln? Weil du das Geld dafür hast. Du hattest Geld, um die Sachen zu kaufen. Ein Obdachloser hätte das Geld nicht gehabt, er hat nicht einmal Schränke, die er füllen könnte.

Wie sehen deine Schränke im Badezimmer aus? Wie viele verschiedene Shampoos und Duschmittel hast du? Warum sind die Schränke so voll? Was ist mit deinem Keller und deinem Estrich, sind diese Räume vollgestopft? Woher kam das Geld, um das alles zu kaufen? Du hattest das Geld. Du hast es lediglich nicht in deine Zukunft investiert, sondern für materielle Dinge ausgegeben. Überall stehen sie herum. Wie sieht deine Garage aus? Gehe einmal durch alle Räume und du siehst, wohin dein Geld geflossen ist.

Mit nur diesem Wissen wirst du in der Lage sein, einiges pro Monat zu sparen. Die meisten Menschen bringen auf diese Weise 500.- und mehr auf die Seite. So viel Geld geben viele von uns jeden Monat für sinnloses Zeug aus. Wie sieht es bei dir aus?

Willst du wissen, wohin dein Geld ging?

Nimm deinen letzten Bankauszug zur Hand. Markiere nun jeden einzelnen Artikel mit folgenden Farben:

- Gelb – Nahrungsmittel
- Pink – Kredite/Darlehen/Leasing
- Blau – Unterhalt (Miete etc.)
- Violett – Transportkosten (Billette, Benzin etc.)
- Orange – alle anderen Ausgaben (Luxus-Ausgaben)

Überlege dir bei jedem Artikel sorgfältig, ob er wirklich notwendig ist oder nicht. Ein Starbucks-Kaffee ist nicht notwendig, der Bio-Salat ist nicht notwendig, auswärts Essen gehen ist nicht notwendig. Vielleicht kannst du bereits bei den Ausgaben für die Nahrungsmittel die Hälfte sparen.

Wie sieht es mit deinem Auto aus, mit den Benzinkosten? Frage dich bei jedem Gang, den du machst, ob er wirklich notwendig ist. Kannst du mit bestimmten Erledigungen etwas warten und diese Dinge nur an einem Tag erledigen? Kannst du zu Fuss einkaufen gehen oder das Fahrrad nutzen? Mache dir Gedanken, wie du deine Benzinkosten reduzieren kannst.

Machst du anderen viele Geschenke? Führst du Personen zum Essen aus? Gib diese Aktivitäten für eine Weile auf. Wenn du Schulden hast, sind derartige Dinge momentan nicht drin. Wir müssen niemandem etwas vorspielen oder dieses und jenes machen, nur weil jemand anderes es vielleicht erwartet. Du wirst andere Wege finden, wie du Freude schenken kannst – ohne Geld einzusetzen.

Bezahle so wenig wie möglich mit deiner Kreditkarte. Überall findest du versteckte Zinsen oder Gebühren, die bezahlt werden müssen.

Teile dein ganzes Geld auf, das du zukünftig maximal pro Monat ausgeben willst. Nimm dir fünf Umschläge zur Hand und beschrifte jeden Umschlag mit einer der vorstehenden Kategorien. Verteile nun das Geld anhand deines Budgets in die Umschläge. Achte darauf, so wenig wie möglich auszugeben. Das Geld, welches „übrig bleibt", legst du in den Umschlag „Luxus".

5. Zahle deine Kredite ab und baue Reichtum auf

Was für Schulden hast du? Beim Autohändler, bei deinem Freund oder bei deiner Familie? Schreibe auf, wem du Geld zurückzahlen musst und wie viel es ist.

Ordne deine Liste der Grösse nach, das heisst, schreibe den kleinsten Betrag an erster Stelle. Hier ein Beispiel wie es aussehen könnte:

Schulden (diverse)	monatliche Rückzahlung	Monate, bis Summe abgezahlt ist
300.-	10.-	?
1000.-	30.-	?
1800.-	50.-	?
5000.-	150.-	?

Mit diesem System wirst du in kurzer Zeit schuldenfrei sein. Zudem wird es dir auch noch Spass machen, weil du schnell deine Fortschritte erkennen kannst.

Nun kommt der Umschlag „Luxus" mit dazu. Denn das Geld aus diesem Umschlag nutzt du am besten, um deine Schulden abzuzahlen. Wenn du sie abgezahlt hast, kannst du dieses Geld für Luxus-Dinge verwenden.

Dein Betrag, den du im Monat sparen kannst, das heisst, in deinen „Luxus-Umschlag" legen kannst, wäre in diesem Falle 300.-.

Schulden	monatliche Rückzahlung	Monate, bis Summe abgezahlt
300.-	310.- (300.- + 10.- mind.)	1
1000.-	340.- (310.- + 30.- mind.)	3
1800.-	390.- (340.- + 50.- mind.)	5
5000.-	540.- (390.- +150.- mind.)	9
Total		**Total**
8100.-		18

In diesem Beispiel nehmen wir die 300.- aus dem Luxus-Umschlag plus ein zusätzliches Minimum von 10.-, um deine erste Schuld abzuzahlen. Somit wirst du diese Schuld in einem Monat abgezahlt haben.

Nun machen wir weiter. Wir nehmen diese 300-. plus die 10.- vom ersten Kredit, den du ja bereits abgezahlt hast sowie zusätzlich die 30.-, sind total 340.-. So summiert es sich schneller, ohne dass du mehr Einsparungen machen musst. In nur drei Monaten wirst du die 1000.- abgezahlt haben. Danach geht es so weiter, bis du schuldenfrei bist. Damit es dich motiviert, beginnen wir bei der kleinsten Schuld. Es wird dich anspornen, wenn du in wenigen Monaten siehst, wie schnell du vorwärts kommst, und was das für ein tolles Gefühl ist.

50 % sparen und 50 % Reichtum aufbauen

Wenn du Geld geschenkt bekommst, du eine Gehaltserhöhung oder einen Bonus erhältst, setze dieses Geld nicht vollständig dafür ein, um deine Schulden abzuzahlen. Nimm 50 % von dem Betrag für die Schulden und bringe die restlichen 50 % auf ein separates Konto, mithilfe dessen du zu sparen beginnst. Beginne parallel zum Abzahlen auch mit dem Aufbau deines Reichtums. Dabei zählt jeder noch so kleine Betrag – du erinnerst dich: Im Kleinen beginnt das Grosse.

6. Keine Ratenzahlungen

Kaufe nichts Neues auf Ratenzahlung, egal ob es um einen neuen Staubsauger, ein Küchengerät oder ein Auto geht. Die Zinsen sind zu hoch, und es dauert zu lange bis du es abbezahlt hast. Wenn du bereits etwas auf Raten gekauft hast, erstelle dir einen Plan, wie du die Sache so schnell wie möglich abzahlen kannst.

Befriedige nicht deine Gier

Ist dir bewusst, dass all diese Schulden entstehen, weil wir gierig sind? Wofür hast du Schulden gemacht? Was hast du auf Raten gekauft? Dein Handy? Musste es wirklich das neueste Modell sein? Ist es nicht die Gier, die uns zu solchen Entscheidungen treibt?

7. Erstelle dir ein Spass-Budget

Wir sind beim Thema Sparen und Abzahlen. Das macht nicht immer nur Spass. Deshalb ist ein Spass-Umschlag wichtig. Wenn du zu 100 % dein Ziel verfolgen möchtest und abzahlst, dann bleib dran und gib alles. Aber du darfst auch etwas für dich selbst ausgeben. Lege 25.- bis 100.- pro Monat in einen Umschlag für etwas Schönes. Das kann ein Drink in einem In-Lokal sein, ein Paar Schuhe oder eine Massage. Entscheide dich bewusst für etwas, das dir wichtig ist und das du sehr schätzt. Es könnte auch ein Babysitter sein, den du für einen Nachmittag bestellst, sodass du in Ruhe Schwimmen gehen oder etwas anderes unternehmen kannst.

Gib nicht mehr Geld aus, ohne gut darüber nachzudenken. Stelle dir bei jeder Ausgabe die Frage, ob du dies oder jenes wirklich benötigst oder das Ganze noch ein paar Tage warten kann. In dieser Zeitspanne lässt das „Ich-will-das-haben-Gefühl" meistens nach.

8. Geben statt Nehmen

Wir alle kennen das Sprichwort: „Was man sät, das wird man ernten". Dieses Gesetz funktioniert tatsächlich. Daher sollten wir, auch wenn wir gerade sparen, trotzdem etwas geben.

Beginne mit 10 %, von dem, was du hast. Probiere es selbst einmal einige Monate aus und du wirst sehen, dass sich bei dir etwas verändert.

Das ist wie ein geheimer Code, der funktioniert, ohne dass wir ihn näher erklären könnten. Sprich mit erfolgreichen Menschen darüber, frage nach, ob sie es ähnlich handhaben. Du wirst erstaunt sein. Für viele erfolgreiche Menschen gehört das Geben dazu. Das Gefühl, anderen etwas selbstlos und mit Wohlwollen zu geben, ist unbeschreiblich. Vor allem, wenn man sich selbst bewusst ist, wie gut man es eigentlich hat. Überlege dir, für wen du dieses Geld spenden möchtest. Du kannst es für Menschen spenden, die in Krisengebieten wohnen, für Kinder, die nicht geschützt werden, für ältere Menschen, um die sich niemand kümmert, für Kranke, die keine Krankenversicherung haben etc. Ist dir bewusst, wie gut es dir geht? Würde es dir nicht gut gehen, hättest du deine Schränke nicht mit all deinen Kleidern füllen können.

Tipps, um Geld zu sparen

Vermeide Ausverkäufe und Aktionen

Bei Ausverkäufen und Aktionen wirst du nur Dinge kaufen, die zwar super Preise haben, die du aber nicht benötigst. Derartige Angebote führen uns nur in Versuchung. In den meisten Fällen brauchst du nichts, was gerade per Aktion angeboten wird. Auch wenn du auf ein tolles Schnäppchen stösst, zum Beispiel auf einen Preis von 40.- statt ursprünglich 150.-, ist das zwar toll und bedeutend über 70% günstiger, aber letztendlich gibst du wieder 40.- für etwas aus, das du nicht brauchst und kommst von deinem gewählten Weg ab. Es geht darum deinen Muskel zu stärken, 40.- haben oder nicht haben, das ist der grosse Unterschied.

Kaufe nur das was du jetzt brauchst. Vermeide Gedanken wie „Es wird bald Sommer, diesen Artikel brauche ich!" Du wirst das Teil vergessen haben, wenn der Sommer da ist oder es gefällt beziehungsweise passt dir nicht mehr. Kaufe nur, was du wirklich benötigst.

Vermeide Kataloge und Werbezeitschriften

Diese Werbemittel wollen nur eins: Dir etwas verkaufen. Sie wurden professionell hergestellt, um deine Kauflust zu wecken. Bestelle alle Kataloge ab, bringe einen Aufkleber am Briefkasten an, der darauf hinweist, dass du keine Werbung mehr erhalten möchtest. Was du nicht siehst, weckt kein Verlangen. Wenn wir sehen, dass wieder eine neue Küchenmaschine auf dem Markt ist, denken wir schnell wieder darüber nach, wie es wäre, wenn wir diese hätten. Das raubt dir Zeit und macht dich unzufrieden, weil du nicht schätzt, was du schon hast und deinen Fokus verlierst.

Warte 20 Tage

Wenn du wirklich etwas möchtest, halte dich an eine Regel und warte 20 Tage mit der Anschaffung. Wenn du es dann immer noch möchtest, kaufe es dir von dem Geld aus deinem Spass-Umschlag. Bestimmt wirst du nach den 20 Tagen vergessen haben was du eigentlich wolltest oder dein Verlangen ist weg. Probiere es aus – du wirst erstaunt sein!

Bezahle bar

Für die nächste Zeit lassen wir die Kreditkarte einmal zu Hause. Arbeite mit deinen Umschlägen, bezahle alles mit Bargeld. Kreditkarten helfen dir nicht, den richtigen Umgang mit Geld zu üben. Sie verkomplizieren die Sache. Sie nehmen dich gefangen, du wirst abhängig von ihnen und übersteigst irgendwann permanent das Limit. Am Ende muss das Ganze wieder zuzüglich Zinsen abgezahlt werden und du findest dich in einem negativen Kreislauf wieder, den kein Mensch braucht. Kredite können nur sinnvoll sein, wenn wir sie dazu nutzen, uns etwas aufzubauen, was wiederum einen Ertrag generiert.

Alle anderen Dinge brauchen wir nicht mit der Karte bezahlen. Hebe dich von der Masse ab, behalte die erfolgreichen 10 % der Menschen im Kopf und lebe einen neuen Umgang mit Geld, dann stellt sich auch dauerhafter Erfolg ein.

Verkaufe Dinge

Nimm deine Räume genau unter die Lupe. Beginne mit dem Ausmisten. Verkaufe alles, was nicht (mehr) notwendig ist. Entrümple und befreie dich von den Dingen, die nur geputzt werden müssen oder im Weg stehen. Jeden Artikel, den du für Geld verkaufst, kannst du für die Schuldenabzahlung oder deinen Luxus-Umschlag nutzen.

Wenn du wirklich seriösen Reichtum aufbauen möchtest, folge diesen Tipps.

Iss, was da ist

Geh nicht in ein Lebensmittelgeschäft, und zwar so lange nicht, bis du alles aus deinem Kühlschrank und den Vorratsschränken aufgebraucht hast. Kannst du dir das vorstellen? Die meisten Leute haben wahrscheinlich Lebensmittel für mindestens 20 Tage im Haus. Probiere es aus, du musst nicht alles horten. Auf diese Weise kannst du in sehr kurzer Zeit einiges an Geld und Körperfett sparen. Sei erfinderisch mit den Gerichten. Wenn dir etwas fehlt, google, was du aus den vorhandenen Zutaten noch zaubern kannst. Das macht richtig Spass! Oft ergeben sich Möglichkeiten, an die man nie gedacht hätte. Es gibt immer Alternativen. Du wirst staunen, was du mit dem, was noch da ist, alles kochen kannst, und die Kinder werden es lieben. Lass dich nicht von der Werbung einfangen und dir vorschreiben, was du im Kühlschrank haben solltest. Geniesse, was du zurzeit zu Hause hast. Dein Luxus-Umschlag wird dicker oder dein Schuldenberg kleiner. Super, oder?

Wenn bei dir „alles nicht funktioniert"

Du kommst nicht weg vom Shoppen? Du hast das Gefühl, dass du dieses oder jenes unbedingt brauchst? Nutze Affirmationen. Sage dir täglich mehrmals laut vor: „Ich möchte frei von materiellen Abhängigkeiten sein. Ich entscheide mich dafür, meinem Fokus zu folgen." Selbstverständlich kannst du auch eigene positive Affirmationen kreieren, die zu deinem Vorhaben und deinen Empfindungen passen.

Wenn du jetzt nicht startest, bleibst du immer in diesem negativen Strudel von Besitzen, Haben-Wollen, Schulden und dem damit verbundenen Druck gefangen. Egal wie alt du bist, nimm es in Hand. Jetzt. Du musst nichts Neues lernen oder anwenden, du brauchst nur das meiste weg zu lassen.

Beginne mit deinem eigenen Geschäft

Hast du mittlerweile viel freie Zeit, weil du nicht mehr ständig Shoppen gehst oder dich mit anderen unnötigen Dingen beschäftigst?
Dann starte mit deinem eigenen Geschäft. Wenn wir arbeiten, haben wir keine Zeit, um Geld auszugeben. Hast du es zwischenzeitlich geschafft, deine Schulden zu begleichen?
Super! Warum startest du nicht damit? Lade Freunde oder Bekannte zu dir nach Hause ein, berichte von deinen Erfahrungen und mach mit ihnen einen Workshop zum Thema „Raus aus den Schulden". Du erhältst so mehr Einfluss, kannst etwas bewegen und sammelst Erfahrungen, die dir vielleicht einmal nützen können. Wenn du anderen dabei hilfst, raus aus den Schulden zu kommen, setzt du die Samen für den Reichtum in ihrem Leben. Wenn du mehr zu diesem Thema erfahren möchtest, empfehle ich dir mein Affiliate-Programm, meine Arbeitsbücher, Bücher, CDs etc.

Spare für deinen Reichtum

Parallel zum Abzahlen beginnst du mit dem Aufbau deines Reichtums. Von deinem Zusatzgeld, den Boni, Geschenken etc. setzt du 50 % für die Tilgung ein, die restlichen 50 % gehen auf dein neues Konto, dieses Geld sparst du.

Wenn du es geschafft hast, deine Schulden abzuzahlen, geht es los mit dem richtigen Aufbau deines Reichtums. Behalte das vorherige System bei, ändere es lediglich dahingehend ab, dass du das Geld, was du bisher fürs Abzahlen genutzt hast, nun zur Seite legst. Es gibt viele Menschen, die es schon geschafft haben, 30'000.- in einem Jahr zu sparen – das ist möglich!

Was du danach mit dem gesparten Geld machen kannst, zeige ich dir im nächsten Kapitel auf.

Baue Reichtum auf

Egal wie alt oder erfahren du bist, du musst wissen, wie man verdient. Dazu hast du in den vorangegangenen Kapiteln schon einiges gelesen, was du problemlos umsetzen kannst. Du weisst mittlerweile, wie wichtig es ist, dein Geld bei dir zu halten. Jetzt geht es darum, mehr aus deinem Geld zu machen, damit du freier wirst.

Du hast sicherlich schon davon gehört, dass es sinnvoll ist, Geld in Aktien oder Fonds anzulegen. Das Wichtigste hierbei ist jedoch, das Geld so anzulegen, dass sich ein Wert daraus ergibt. Viele Menschen investieren ihr Erspartes auch in ihre Selbstständigkeit. Das ist einerseits nachvollziehbar und lobenswert, schliesslich gibt es keine bessere Investition als in dich selbst. Auf der anderen Seite birgt es ein hohes Risiko.

Wenn du dein Geld in dich selbst investieren willst, lerne, lerne, lerne. Was du lernst, kann dir niemand mehr nehmen, egal, was kommen mag. Aus deinem Wissen kannst du Profit erwirtschaften, das gibt dir einen Wert fürs Leben. Viele Dinge hätten wir erfahren, wenn wir uns vorher besser informiert hätten. Dadurch hätten wir so manche schwierige Lebenssituation besser bewerkstelligen oder ganz vermeiden können.

Wenn du selbstständig sein möchtest, sind Zahlen sehr wichtig. Liegt dir der Umgang mit Zahlen nicht, musst du von Anfang an eine Lösung dafür finden. Entweder, du lässt dich ausbilden, du gibst die Sache auswärts oder du stellst jemanden an.

Besuche nicht einfach Motivations-Seminare. Investiere gezielt in Themen, die dich im Umgang mit Menschen (und Kunden) weiterbringen, zum Beispiel in Fortbildungen zum Thema Körpersprache, Kommunikation, Finanzen oder sicheres Auftreten im Job. Werde ein Profi auf einem Gebiet und lerne stetig dazu.

Achte auf deine Resultate.

Erhöhe deinen Wert

Entwickle dich weiter in den Bereichen Menschen, Marketing, Finanzen, Motivation, Führung und Geschäftsbeziehungen. Wenn du das laufend machst, bist du bereit für die nächsten Schritte, für mehr Kunden und mehr Einkommen.

Umso mehr du in das Richtige investierst, desto mehr kommt auch zu dir zurück.

Wenn du bereits ein Unternehmen hast oder selbstständig bist, investiere dein Geld in dein Geschäft. Egal, ob in Werbung, Menschen oder in deine persönliche Entwicklung. Investiere stetig in dein Unternehmen.

Die Kraft des Geldes

Die Kraft des Geldes wächst, solange du lernst, wie du investieren musst und mehr Reichtum generieren kannst. Sei wachsam, was die Finanzen angeht, und halte sie stets unter Kontrolle.

Viele Menschen geben genauso viel Geld aus, wie sie verdienen. Egal, ob das 3'000.- oder 20'000.- im Monat sind. Ihre Ansprüche verschieben sich. Wenn du dein gesamtes Geld wieder ausgibst, wird nie etwas übrig bleiben, selbst dann nicht, wenn du 2'000.- mehr je Monat verdienen würdest.

Gib deine letzten 50.- nicht für ein Paar Schuhe aus, lege sie zur Seite bis du einen Betrag zusammengespart hast, von dem du dir etwas leisten kannst, das dir Geld bringt.

Es sollte dir bewusst sein, dass dieser Prozess Zeit braucht. Du kannst nicht von heute auf morgen reich werden. Es ist ein Prozess, der sich entwickelt und den du durchwandern musst, um zu wachsen. Passe dich dem an, damit du gerüstet bist. Du würdest sonst alles wieder verlieren, weil du das Wissen dazu noch nicht hattest.

Folge nicht den 90 % der Menschen, die nicht wohlhabend sind. Setze nicht Unsummen für Lotto ein, in der Hoffnung, schnell zu viel Geld zu kommen. In den meisten Fällen wird das nicht funktionieren. Die meisten Menschen, die so leben, sind nicht wohlhabend. Tue das Gegenteil.

Investiere in etwas, mit dem du dich auskennst. Glaube nicht den Unwissenden, du musst dich selbst in dem Bereich auskennen, dir selbst eine Meinung bilden können und eigenständig entscheiden, wofür du dein Geld ausgeben willst.

Einnahmen sollten Vermögen produzieren

Arme Leute, also Menschen, die wenig Geld besitzen, geben ihr Geld für materielle Dinge aus. Die Mittelklasse-Menschen geben ihr Geld für Dinge aus, von denen sie meinen, das Geld sei sinnvoll investiert. Letztendlich sind es aber auch nur materielle Dinge. Die reichen Menschen investieren ihr Geld in Dinge, die ihnen neues Einkommen generieren.
Ein Auto oder ein Haus, in dem du wohnst, ist kein Wert, der dir neues Einkommen bringt. Kleider, Schuhe und Lebensmittel, die du kaufst, bringen dir kein neues Geld. Der Mittelklasse-Denker fragt sich: „Wie werde ich morgen reich?", „Wie werde ich am schnellsten reich?" Die 10 %- Denker überlegen, wie sie ihr Geld auf lange Sicht anlegen können. Sie lassen die Zeit für sich arbeiten.

Investieren oder Spekulieren

Wenn du dir Reichtum aufbauen willst, musst du den Unterschied zwischen *Investieren* und *Spekulieren* verstehen. Menschen, die nicht viel haben, sind es gewohnt, ihr Geld leichtsinnig zu verspielen. Kopiere nicht die Vorgehensweise der Reichen, wenn du beispielsweise in Aktien investieren möchtest.

In diesem Bereich musst du dich sehr gut auskennen. Du musst wissen, wie der Kreislauf funktioniert.

Wenn du nur auf andere hörst, ist das Ganze reine Spekulation. Es wäre das Gleiche, als würdest du deine Chancen auswürfeln. Wenn du in den Tageszeitungen Empfehlungen liest, mache genau das Gegenteil. Mache generell so weit wie möglich genau das Gegenteil von dem, was die Masse macht. Diese Masse, diese 90 %, sind diejenigen, welche im Hamsterrad gefangen sind.

Lerne von den Experten

Natürlich gibt es verschiedene Wege, wie du etwas lernen oder erreichen kannst. Ein Weg ist, dir ein Vorbild zu suchen. Such dir jemanden aus, der sich gut mit Aktien auskennt und in diesem Bereich erfolgreich ist. Lerne von dieser Person. Es ist wichtig, dass du lernst, dir das Wissen in Eigenregie selbst anzueignen.

Mittlerweile gibt es sehr gute Online-Kurse von erfahrenen und erfolgreichen Investoren. Lerne jedoch nicht von einem Bankangestellten, ausser, er hat selbst ein hohes Vermögen aufgebaut. Leider können dies die wenigsten Angestellten vorweisen. Hinterfrage viel und stütze dich nur auf die Fakten.

Wenn du mit jemandem zusammensitzt, der dir erzählt, er hätte Reichtum aufgebaut, dann stelle ihm diese Fragen:

- Wie viel hast du letztes Jahr umgesetzt?
- Was war dein grösster Fehler und was dein grösster Erfolg?
- Was ist deine grösste Schwäche, was deine grösste Stärke?
- Verwaltest du zusätzlich Vermögen von anderen Kunden?
- Dürfte ich mit einem deiner Kunden sprechen?

Frage gezielt nach Feedback von anderen Kunden. Halte Ausschau nach einer langfristigen Beziehung. Diese zu etablieren, ist keine schnelle, einmalige Sache. Das Ganze dauert wahrscheinlich etwas länger. Du musst mit verschiedenen Personen sprechen, aber ich garantiere dir, es lohnt sich.

Schaue dir verschiedene Bereiche an, von Aktien über Fonds hin zu Immobilien.
Vertraue nicht blind dein Geld einer anderen Person an. Frage immer nach, nimm regelmässig Einsicht in die Akten. Dasselbe gilt, wenn du eine zweite Person involviert hast, insbesondere, wenn es deinen steuerlichen Bereich betrifft. Sorge für gegenseitigen Abgleich.

Sich Reichtum zu bilden, ist keine „Über-Nacht-Geschichte". Wir brauchen Geduld, Ausdauer und Planung. Es braucht einen Architekten, einen Ingenieur und einen Arbeiter.

Im Bereich Aktien solltest du dich sehr gut weiterbilden. Einige wenige Bücher zu lesen, reicht hier nicht aus. Entwickle dich zum Profi.

Deine Bankauszüge

Schaue dir monatlich deine Bankauszüge an. Am besten sogar alle paar Tage, aber wenigstens einmal im Monat. Wenn deine Umsätze steigen, und du nicht mehr alles alleine bewältigen kannst, ziehe einen Berater hinzu, der dir die Auszüge richtet und ein Auge darauf wirft. Zudem ist es sehr vorteilhaft, wenn du im Bereich Steuern eine Fachperson einbeziehst.

Immobilien

Probiere, so jung wie möglich ein Haus zu kaufen. Und zwar am besten in der Zeit, in der du angestellt bist. Die Banken halten am meisten von dir, wenn du ein monatliches grösseres Fixeinkommen hast. In dem Fall unterstützen sie dich in der Regel auch. Als Mutter und Hausfrau, ohne Anstellung, wirst du sehr grosse Mühe haben, mit einer Bank zusammenarbeiten zu können, auch wenn du dir die 20% Eigenkapital angespart hast. Also nutze die Zeit, in der du angestellt bist. In dieser Zeitspanne ist fast alles möglich.* Eine völlig irreführende Schussfolgerung.

Ich musste selbst schmerzlich erfahren, dass man kaum noch Unterstützung erhält, wenn man kein festes Einkommen mehr hat, obwohl man genug Geld auf der Seite hat, um ein Haus zu kaufen. Ich habe Mittel und Wege gefunden, aber möchte dir aus meiner Erfahrung heraus ans Herz legen: Erwerbe Immobilien in Form von einer Wohnung oder einem Haus in der Zeit, in der du angestellt bist, am besten so jung wie möglich. Natürlich ist es wichtig, dass du nach dem Kauf der Immobilie nicht selbst darin wohnst, sondern sie vermietest. Sie soll dir ja einen Ertrag generieren.

*Werde Mutter direkt nach einer Anstellung, nicht nach beispielsweise einem Auslandsaufenthalt oder der Arbeitslosigkeit. Der letzte Lohn wird angerechnet.

Es braucht oft Zeit, ein passendes Objekt zu finden. Kaufe kein Haus, das schon super schön ist, entscheide dich lieber für eines, das du verschönern kannst – hier sind die Preise niedriger. Lass dich nicht täuschen. Behalte immer deine Zielgruppe im Kopf: Wer soll später in dem Haus leben? Was sind die Vorteile für den Mieter? Die Lage zur Uni, zu Firmen oder gibt es für ausländische Arbeiter bestimmte Benefits?

Edelmetalle, Aktien und Währungen

Dich interessieren Edelmetalle wie Gold und Silber? In dem Bereich gibt es mittlerweile tolle Anbieter von Plattformen, bei denen du von zu Hause aus investieren und die Entwicklung beobachten kannst. Wichtig ist dabei immer, dass du dich wirklich dafür interessierst, dich einliest und Fachpersonen konsultierst. Auch hier gilt: Lerne, so viel du kannst.

Bei den meisten Anbietern gibt es gratis Demoversionen, mithilfe derer du einmal reinschnuppern kannst. Bevor du damit loslegst, prüfe die Kosten genau. Beim Gold entstehen monatliche Kosten für die Lagerung deines Goldes. Bei Aktien zahlst du eine Gebühr (Komission), wenn du eine oder mehrere erwirbst. Interessant ist auch die Sache mit Forex – dem Handeln mit Währungen. Auch dies kannst du mittlerweile alles von zu Hause aus steuern. Weniger Gebühren entstehen bei Fonds-Anlagen.

Hier ein Beispiel von erfahrenen Investment-Personen wie man sein Geld gut verteilt anlegen könnte:

7,5 % Gold
7,5 % Rohstoffe
15 % mittelfristige Anleihen (5–7 Jahre)
30 % Aktien
40 % langfristige Anleihen (20–25 Jahre)

Internetgeschäft

Starte nebenberuflich mit einem Online-Geschäft. Dazu brauchst du nicht viel Geld, mit 100.- kannst du loslegen. Was du brauchst sind Ausdauer und Aufbauarbeit – beides in rauen Mengen. Es muss nicht gleich alles perfekt sein, vieles kannst du selbst machen. Nutze kostenlose Dienste wie Wordpress, Joomla etc.

Du kannst ein aktives oder passives Geschäft aufbauen. Beim aktiven Geschäft bringst du deine Talente und dein Wissen aktiv mit ein. Im passiven Geschäft baust du das Ganze so auf, dass der Umsatz nicht an dir persönlich hängt und das Geschäft weiterläuft, selbst wenn du nicht jeden Tag aktiv daran arbeitest.

Du brauchst nicht erst beginnen, wenn du alles weisst. Beginne sofort und lerne parallel. So kannst du dein Wissen direkt umsetzen. Es dauert ohnehin einige Zeit, bis dein Geschäft Früchte trägt.

Sei dir bewusst, dass hinter jeder E-Mail-Adresse eine Person steht. Nimm die Person wahr, lerne sie und ihre Wünsche kennen. Finde heraus, was ihre Stärken sind, was sie möchte und was sie interessiert.

Baue eine Brücke. Du musst die Person nicht persönlich sehen, du kannst sie genauso via Chat, Facebook, Skype und anderen Online-Portalen kennenlernen. Behandle sie so, als würdest du sie persönlich kennen. Hier kannst du sehr gut FAFA nutzen.

Dein Geschäft sollte beides verbinden – Technologie und die Verbindung zum Menschen.

Universum, Gott oder Göttlichkeit

Lerne, wieder bewusst auf deine Intuition, auf deinen inneren Gott zu hören. Jeder trägt diese innere Stimme in sich. Leider verlernen wir mit der Zeit, auf sie zu hören. Oder wir hören sie, aber unser Kopf sagt uns, dass wir sie nicht wahrnehmen sollen. Das Gefühl täuscht dich nicht, es meint es ehrlich mit dir.

Du musst nicht an Gott glauben, aber vieles geht mit einem Stück Glaube an das Grosse Ganze einfacher. An Gott zu glauben, heisst nicht, religiös zu sein. Das hat nicht automatisch etwas mit Kirche etc. zu tun. Du lernst aus Gottes Wort. Er hat alles für uns in seinem Buch, der Bibel, niederschreiben lassen. Lies die Bibel von A–Z. Täglich 30 Minuten lang. Du wirst wunderbare Geschichten und weise Worte vorfinden, die du täglich für deinen Erfolg nutzen kannst. Du kannst das heimlich machen, wenn du dich damit wohler fühlst, du musst es niemandem mitteilen.

Gott will, dass wir Erfolg haben. Du wirst das bekommen, was du denkst und woran du glaubst.

Wenn du einen Vortrag hältst, einen Brief schreibst oder einen Artikel veröffentlichst, weisst du nie, wen du damit berührst oder, ob du vielleicht sogar dafür sorgst, dass du jemandem etwas sehr Wertvolles mit auf den Weg gibst.

Gott gibt dir Einfluss, wenn er weiss, dass du ihn sinnvoll für andere einsetzt und etwas Positives damit bewirkst.

Ich möchte einfach mehr machen, als nur Dinge, die aus mir selbst kommen. Mit Gottes Hilfe wachse ich, sehe Dinge, die ich vorher nicht wahrgenommen habe. Mir würden manche Ideen nie in den Sinn kommen, wenn ich keinen inneren Führer hätte. Umso mehr du ihn kennenlernst, desto mehr wirst du vertrauen haben, desto mehr wirst du umsetzen können und desto mehr wird er schauen, dass es dir gut geht.

Gib Dinge weiter. Das kann Geld oder Arbeit sein, Unterstützung oder Gegenstände. Du musst nicht erst erfolgreich sein, bis du geben kannst. Starte schon zu Beginn, egal wo du stehst.

Wir sollten täglich Dinge tun, die anderen Gutes tun.

Entscheide dich, werde aktiv und starte JETZT

Dieses Buch ist nicht zufällig bei dir gelandet. Es hat dich gefunden. Nun kannst du etwas daraus machen, wenn du aktiv wirst. Nutze diese Chance.

Hast du schone eine To-do-Liste angefangen? Hast du eine Dankeskarte verschickt? Hast du dir deine Finanzen angeschaut? Nutzt du FAFA? Lernst du die Edelsteinzeichen kennen und nutzt sie aktiv in deinem Alltag?

Jetzt ist deine Zeit gekommen! Leg dieses Buch nicht einfach wieder beiseite. Du kannst damit dein Leben verändern. Es gibt dir viel, wenn du die Tipps, Anregungen und Methoden umsetzt und aktiv durch den Tag gehst. Beginne damit, dein Leben in die Hand zu nehmen. Du wirst sehr schnell Erfolge sehen. Ich weiss es aus eigener Erfahrung. Gib mir ein Feedback, wenn der erste Erfolg in dein Leben tritt (der kann klitzeklein sein) – darüber freue ich mich sehr!

Ich bin unglaublich gespannt und stolz auf dich, wenn du diese Veränderung in Angriff nimmst. Du tust es nicht für mich, nicht für deine Familie oder deinen Boss, sondern für dich selbst.

Nur 10 % der Menschen lesen ein Buch zu Ende. Noch weniger setzen darin enthaltene Tipps auch wirklich um. Gehöre zu denen, die das Wissen, was ihnen zuteil wird, annehmen und für sich nutzen. Trage dieses Buch immer bei dir, in der Handtasche oder im Rucksack. Wenn du warten musst, dann lese wieder ein paar Zeilen.

Abschliessend noch ein Tipp, der dir deinen Weg zum Erfolg vergegenwärtigen kann. Wir nutzen ihn seit Jahren, insbesondere mit unseren Kindern, weil das Visualisieren so wichtig ist:

Nimm dir zwei leere Hefte zur Hand. Das eine ist dein persönliches „Erfolgsbuch". Darin schreibst du dir täglich fünf Dinge auf, die dir gut gelungen sind (deine Resultate) und Dinge, für die du dankbar bist. Das andere ist dein „Wunschbuch". Darin zeichnest oder klebst du dir alle deine Wünsche ein. Du wirst erstaunt sein, wie viele sich im Laufe der Zeit erfüllen und wie viele du erfolgreich realisieren kannst.

Vernetze dich auf unserer Website *www.erfolgreich-im-alltag.ch*. Schaue dir die Videos an, lies die Blogbeiträge. All das wird dich täglich daran erinnern, dass du dran bleibst.

Mache Resultate. Anhand der Resultate siehst du, wo du stehst. Glaube, denke und hoffe nicht ... wichtig sind Resultate. Nur Resultate sprechen die Wahrheit

Ich freue mich auf unsere gemeinsame Reise.

Notizen

Notizen

Notizen

©2016 Nadja Horlacher

**Ich freue mich über deine Kontaktaufnahme:
Schreib mir☺**

http://www.erfolgreich-im-alltag.ch
http://www.facebook.com/nadjahoo
https://www.instagram.com/nadjahoo
Tiktok: nadjahoo
Youtube: nadjahoo

Alles Liebe deine